Kahrs/Beyer · Mitten in Deutschland

Axel Kahrs/Christiane Beyer (Hg.)

„. . . mitten in Deutschland . . .“

Die Grenzöffnung 1989
im Spiegel der Elbe-Jeetzel-Zeitung

Köhring & Co.

Druck- und Verlagsgesellschaft Köhring & Co., Lüchow

Titelgestaltung: Silke Lehmann/Foto: Sabine Grimmig
ISBN 3–926 322–16–0

Herz, Bauch und Hals

Blickte ich nachts vom Weinberg in Hitzacker über die Elbe, so wirkte der beleuchtete Deich, den grausamen Zaun erkannte ich nicht, wie eine allzu stille Promenade. Und richtete sich mein Blick nachts von Kaltenhof aus über die Elbe auf das drahtverhauene beleuchtete Dömitz, dann schauderte es mich, und Bilder von Konzentrationslagern stiegen in mir auf.

Am 9. November fragte ich mich auch, werden diese Eindrücke, im wahrsten Sinne des Wortes zu verstehen, aus mir verschwinden? Nein, noch nicht, ich kann sie immer noch zurückholen. Am 10. November verließ ich vorzeitig eine Geburtstagsfeier, in Bergen/Dumme strömten Menschen aus der Altmark über den Grenzübergang. Meine Frau und ich fuhren dort hin. Herzklopfen, Bangigkeit, Jubel gemeinsam mit anderen, tastende Gespräche mit Menschen von „drüben" und die Angst, am anderen Morgen aufzuwachen und feststellen zu müssen, diese Nacht war nur ein Spuk gewesen, verwirrten mich.

Und, befragt von der EJZ, ich war damals SPD-Fraktionsvorsitzender im Kreistag, wünschte ich mir, daß die DDR-Bürger weiterhin massenhaft auf die Straße gehen. Denn nur dann, so glaubte ich, würde sich die Demokratisierung in der DDR durchsetzen.

Danach Gespräche und Verhandlungen als Bürgermeister der Stadt Hitzacker mit dem Ziel, die schlimme, aber auch natürliche Grenze „Elbe" zu überwinden. Sonntag, 19. November: drüben spielt eine Blaskapelle hinter dem Tor am Zaun, immer mehr Menschen strömen dort zusammen. Aufruhr in Hitzacker, seit den frühen Morgenstunden bewegen sich Hunderte zur Elbe hin. Bangigkeit beherrscht die leisen Gespräche, Druck im Magen fühlen wohl alle.

Um 12.15 Uhr bin ich an Bord des Fährschiffes MS Drawehn. Wir fahren nach drüben, denn das Tor im Zaun wurde geöffnet. Die Menschen dort bewegen sich in geordneter Kolonne mit beinahe tastenden Schritten und ohne Jubelgeschrei auf die Fähre zu, keiner drängelt. Einigen DDR-Bürgern reiche ich zur Begrüßung die Hand, eine ältere Frau nehme ich behutsam in die Arme; Herz, Bauch und Hals verhalten sich nicht normal. Die Fähre nähert sich dem Ufer in Hitzacker, zunächst erklingt zögerliches Klatschen am Westufer, es wird lauter, Jubelrufe erklingen; Verwandte und Freunde aus Ost und West liegen sich in den Armen, sie lachen, weinen und drücken sich an die Herzen. Die Blaskapelle aus Kaarßen spielt auf, erst jetzt bricht der Jubel befreit auf; Herz, Bauch und Hals werden wieder frei.

Im November und Dezember suchen die Sozialdemokraten aus der DDR beinahe fortwährend den Kontakt mit uns. Wir helfen, wo und wie wir können.

18. Dezember, Kreistagssitzung. Thema auch: die Grenzöffnung. Als Vorsitzender meiner Fraktion sage ich u. a. wörtlich: „Wirtschaftsförderung in Richtung DDR kann für uns nur bedeuten: Die Wertschöpfung muß durch die Menschen in der DDR für die Menschen in der DDR auf dem Gebiet der DDR erfolgen. Wir selbst müssen dazu beitragen, daß die DDR sich nicht ausverkauft und wir nicht gar den Versuch starten, die DDR aufzukaufen!"

8. November 1992: Lauf- und Wanderveranstaltung in Hitzacker. Mit Freunden nehme ich daran teil. Es ist ein schöner Tag mit klarer Fernsicht. Auf einer Höhe über der Jeetzel blicken wir über das Amt Neuhaus, das wieder niedersächsisch werden wird, bis hinein ins Mecklenburgische. Konturenscharf erkennen wir entlaubte, kerzengerade Pappeln vor dunklem Nadelgrün. Ich bemerke: „Die Pappelstämme wirken doch wie stehengebliebene Zaunpfosten auf dem Deich, komisch, nicht wahr!"

Christian Zühlke, Landrat

Mitten in Deutschland

Die Grenzöffnung 1989 im Spiegel der „Elbe-Jeetzel-Zeitung“

„Wodurch hat man die Gnade Gottes verdient, so große und so mächtige Dinge erleben zu dürfen? Und wie wird man nachher leben?“ – so fragte ein berühmter Historiker angesichts der deutschen Einheit. Allerdings stellte er – es war Heinrich von Sybel – diese Überlegungen im Jahre 1871 anläßlich der Bismarckschen Reichsgründung an.

Auch 1989 wird so mancher ein Gefühl der Dankbarkeit, aber auch des zuweilen fassungslosen Staunens gegenüber der rasanten politischen Veränderung gehabt haben: das Wort „Wahnsinn“ hatte Konjunktur.

Für die Historiker, die ja bekanntlich „sine ira et studio“ – also frei von Zorn und Übereifer – forschen und berichten sollen, ist es wohl noch zu früh, um sich an eine Bewertung des weltweit umwälzenden Prozesses zu machen, in dem die Wiedervereinigung ja nur einen Teil darstellt.

Andererseits wird kaum ein historisches Ereignis so häufig von Privatpersonen und Hobby-Historikern dokumentiert worden sein, wie die Überwindung der Grenzanlagen: Zigtausende Fotos und Videoaufnahmen wurden gemacht, und die Zahl der gesammelten Andenken in Form von Mauerbrocken, Stacheldrahtstücken, Metallgitterteilen, Grenzübergangsformularen, „Alu-Chips“ (sprich DDR-Geld), DDR-Orden oder Uniformteilen ist unübersehbar. Auch der „oral history“ sind keine Grenzen gesetzt – zu tief hat sich das Erlebnis des 9. Novembers 1989 in das Gedächtnis eingeprägt, hatte man das Gefühl, ein Jahrhundert-Ereignis mitzuerleben.

Für Regionalforschungen und heimatkundliche Studien steht am Beginn der Aufarbeitung jedoch die Sammlung der einschlägigen Fakten. Es gilt, eine Dokumentation der Ereignisse zu erstellen; zu sichern und festzuhalten, was geschah. Die folgende Darstellung der Grenzüberwindung im Wendland anhand ausgewählter Nachrichten aus der „Elbe-Jeetzel-Zeitung“ bietet erste Orientierung: Wer weiß schon noch, welche Elbfähre zuerst fuhr oder wann der Grenzübergang bei Schmarsau eröffnet wurde?

Und dabei sind es gerade die Menschen im Wendland, die die Grenzöffnung mit besonders wachen Sinnen verfolgten: Waren Sie es doch in den letzten vierzig Jahren, die im Westen am schwersten an der Last der Teilung trugen – auch wenn es nicht jeden Tag gesagt oder beklagt wurde. Ein mitten in Deutschland liegender Landstrich, von seinen Nachbarn nur durch unsichtbare Provinzgrenzen getrennt, wird durch den 2. Weltkrieg und die daraus folgende Teilung zum Grenzland: „Der Rand der Republik“, wie es der Lyriker Wolfgang Rischer einmal formulierte oder wie es im Kurzreim „Wendland-Endland“ zum Ausdruck kommt. Die Grenze durchschnitt menschliche Beziehungen, kulturelle Verbindungen und wirtschaftliche Verflechtungen. Ehemalige Zentren wie Salzwedel oder Dömitz, deren Einzugsbereich weit ins Wendland reichte, fielen weg, mußten ersetzt werden. Die Einwohner sahen sich von 144 Kilometern Grenze umgeben, nur in Richtung Westen blieb ein Korridor von 42 Kilometern offen. Auch wenn sich die meisten mit dieser extremen Randlage abfanden, eigene Zentren auf- und ausbauten, in den Siebzigern das wendländische „Idyll mit Schrammen“ (Kai Hermann) genossen oder die einmalige intakte Natur im Schatten der Grenze entdeckten: „normal“ war die Lage des Landkreises nicht, und weder die zunehmende Durchlässigkeit des „kleinen Grenzverkehrs“ noch die vielfältigen Versuche, mit Industrieansiedlungen den Landkreis aufzupäppeln, schufen Abhilfe. Und die unbeschwerte Erkundung der östlichen Nachbarschaft ab 1990, die „neue“ Nähe zu den Städten Salzwedel, Arendsee, Wittenberge und Dömitz sowie die verkürzten Wegstrecken nach Berlin, Schwerin oder Magdeburg machten erst klar, worauf man jahrzehntelang verzichten mußte.

Auch angesichts dieser neuen und bereichernden Erfahrungen haben die für den Tagesbedarf geschriebenen Artikel der EJZ aus der Distanz der Jahre heraus ihren besonderen Reiz. Über den Informationsgehalt hinaus wird zudem etwas von der damaligen Stimmung und den Gefühlen der Menschen übermittelt: Der Satz „Einigen Schmarsauern stinkt's" sagt mehr aus als die Nachricht, daß es am Grenzübergang bei Schmarsau zu Geruchsbelästigungen durch die Trabi-Kolonnen gekommen ist.

Die folgende Auswahldokumentation soll in ihrer Beschränkung auf das Wesentliche schlaglichtartig noch einmal die Geschichte der Grenzöffnung ins Gedächtnis rufen. Wer genau liest, wird vieles erfahren über die Fülle der Kontakte, die sich zwischen Ost und West anbahnten (und wieder abflachten), wird lesen können von Mitmenschlichkeit und spontaner Hilfe, aber ebenso von Konkurrenzneid und Eigensinn. Euphorie und Ernüchterung – das Wechselbad der Gefühle erstreckt sich auch auf die Erfahrung, daß Probleme wie Gorleben und der Umweltschutz scheinbar mühelos die Grenzen übersprangen.

Die Chronologie endet mit dem 31. Dezember 1989: Damals hatte die Grenze endgültig ihren hemmenden Chrakter verloren. Der Weg zur staatlichen Wiedervereinigung am 3. Oktober 1990 bedarf einer eigenen Darstellung. Mehr als andere wissen die Wendländer, daß das gewünschte „Zusammenwachsen" erst noch aussteht. Die drei Jahre seit der Grenzöffnung haben den Landkreis umgekrempelt; neue Möglichkeiten, aber auch neue Probleme beschäftigen die Menschen. Das Wendland, euphorisch als „Scharnier zwischen Ost und West" oder als „Land im Herzen Europas" gefeiert, tut sich schwer mit Verkehrsanbindungen, Autobahnkreuzen und Eisenbahnstrecken, mit Tieffluglärm, dem Abzug von BGS- und Zollbeamten samt Familie sowie dem Verlust der Zonenrandförderung. Der Landkreis hat mit der Grenze auch einen Teil seiner Sonderstellung verloren, die neuen Nachbarn, anfangs freudig begrüßt, werden im Alltag auch zu Konkurrenten. Es war daher wohl eine Laune der Geschichte, daß Lüchows Bürgermeister im Fernsehen just am Abend des 9. Novembers 1989 stolz verkündete, seine Stadt „habe den Krieg gewonnen" (EJZ vom 11. 11. 1989), womit er auf den Aufstieg Lüchows zum regionalen Zentrum durch den Wegfall Salzwedels nach 1945 anspielte. Keine Stunde später war die Grenze offen und Salzwedels Wiederaufstieg zur attraktiven Geschäftsstadt nahm seinen Lauf, von den Wendländern nicht ohne eine gewisse Besorgnis verfolgt – sollte man nun doch verloren haben?

Ein neues Kapitel wendländischer Geschichte beginnt. Auch wenn die Parallele zwischen der Reichseinigung von 1871 und der Vereinigung von 1989/90 nicht überzogen werden sollte, so wirkt doch manches aktuell, was damals gesagt und gedacht wurde. Der Historiker Gustav Droysen schrieb 1870 an seinen Sohn: „Was wir jetzt erleben, ist nicht bloß ein großer Abschluß, sondern ein noch größerer Anfang oder Anfang zu Größerem, zu großen Aufgaben, Pflichten, Leistungen. Ihr jungen Leute habt noch vollauf zu tun und zu lernen. Aber ich bitte hübsch Politik der Realitäten, keine Phrasen und Schablonen und abstrakte Besserwisserei . . ."

Die im folgenden wiedergebenen Artikel aus der EJZ wurden für diese Dokumentation neu gesetzt, die Texte sind – mit zwei gekennzeichneten Ausnahmen – ungekürzt und unverändert übernommen, offensichtliche Fehler stillschweigend korrigiert worden. Bei den Fotos wurde eine Auswahl vorgenommen.

Die Herausgeber danken den Mitarbeitern der EJZ-Redaktion für die Abdruckgenehmigung. Klaus Wippermann, Bonn, begleitete dieses Buch mit nie ermüdendem Ansporn.

Lüchow, im Dezember 1992

Axel Kahrs, Christiane Beyer

„Sie kommen!“

– Die DDR-Bürger erkunden das Wendland –

EJZ-Berichte zum 9. bis 15. November 1989

Um 0.55 Uhr war auch der Grenzübergang Bergen offen:

Die meisten wollen „nur mal gucken“

Bruno Friedrichs aus Salzwedel kam mit dem Moped als erster – Wittenberger bleiben

Bergen. In Berlin tanzten Ost und West auf der Mauer, in Lübeck kurvten laut Rundfunknachrichten „Trabbis“ durch die Stadt, auch der Grenzübergang Duderstadt meldete schon längst erste DDR-Bürger, die frei, ohne Formalitäten in den Westen reisten – und in Bergen am Schlagbaum rührte sich einfach nichts. Mitternacht verstrich, die Uhr ging auf eins am Freitag, doch die zehn, zwanzig „Zaungäste“ am Schlagbaum auf westlicher Seite harrten aus. Das durfte doch nicht wahr sein, daß dieses seit Jahrzehnten größte Ereignis in den deutsch-deutschen Beziehungen an Bergen spurlos vorbeiging. Dann 0.55 Uhr: Ein einzelnes Licht nähert sich von drüben. Da Zweiräder bislang von der DDR weder hinein- noch hinausgelassen wurden, wird es wohl eine Grenzstreife sein, glaubt man. Doch gefehlt: Ein Moped tuckert heran. Bruno Friedrichs, Schlosser aus Salzwedel, ist der erste DDR-Bürger, der über diesen Grenzübergang frei in den Westen überwechselt, nicht als Ausreisender, sondern „nur, um mal zu gucken“.

Beifall, Umarmungen, ein Eintrag ins „goldene Buch“ der Grenzkontrollstelle, und dann die Aufklärung, warum in Bergen so lange auf den ersten Gast gewartet werden mußte: Ausreisen oder hierbleiben – vor diese Alternative stellten die DDR-Grenzer die mehreren Bürger, die dem Beispiel Berlins folgend wie Bruno Friedrichs „nur mal gucken“ wollten. Während viele sich zu dieser nachtschlafenden Zeit an der Grenze abwimmeln ließen, blieb der Mopedfahrer bei der Forderung – und ab ging's schließlich in Richtung Bergen. Mit dem Personalausweis, ohne Visum. „Hierbleiben möcht' ich nicht“, Familie, Haus und Garten hat er in Salzwedel – und Arbeit, zu der er pünktlich wieder drüben zurück sein wollte.

Viele abgewimmelt

Wie er hielten es auch die drei Salzwedeler Knut Hölzer, Olaf Wilke und Thomas Günther. Einmal, zweimal ließen sie sich in der Nacht auf Freitag von den DDR-Grenzern zurückweisen, brachten zwischenzeitlich die Frau nach Hause, dann beim dritten Anlauf fuhren sie demonstrativ auf die linke Spur: „Ausreisende“ – mit dem festen Willen, am nächsten Morgen oder noch in der Nacht zurückzukehren. Wer wollte ihnen das verwehren? Die so oft gegenüber den Bürgern der Hauptstadt benachteiligten Provinzler wollten nicht einmal mehr zurückgestellt werden, hatten im Westfernsehen den Tanz auf der Mauer gesehen. Jetzt wollten sie rüber, nicht erst am nächsten Tag mit einem Visum.

Und was wollen sie im Westen? Einmal schnell nach Uelzen und zurück. Schaufenster anschauen. Mitten in der Nacht, wo die Beleuchtung längst abgeschaltet ist? Es ist irrational, aber wo sie so lange darauf warten mußten, ist ihnen auch das stockdunkle Uelzen in der Nacht recht.

Für freie Wahlen

Knut Hölzer macht in Salzwedel beim „Neuen Forum“ mit.

SELIG über die Ankunft im Westen: Wie diese Bürger aus Wittenberge bekundeten bis 16.30 Uhr gestern von über 3 000 Einreisenden in Bergen nur 46, daß sie in der Bundesrepublik bleiben wollen.

KLEINE SCHLANGEN bildeten sich bereits am Freitagvormittag am Grenzübergang auf der Einreisespur: „Trabbis", Wartburgs jeglichen Alters und sogar diverse Zweiräder. Die Grenzschutzbeamten bemühten sich um zügige Abfertigung. Bruno Friedrichs war der erste DDR-Bürger, der um 0.55 Uhr die Grenze nach der Öffnung überquerte. Er durfte sich ins Gästebuch der Kontrollstelle eintragen, stellte sein Moped zur Seite und startete mit einem neuen Bekannten in dessen Auto zu einer ausgiebigen Tour durch die Region (S. 14).

3 Aufn.: R. Stremmler

Wohin die Reise politisch gehen soll, aus seiner Sicht, wird er gefragt, in Richtung Wiedervereinigung? Für die Mehrheit seiner Bekannten sei das nicht das Thema, sagt er. Erst einmal gelte es, die wirtschaftlichen Probleme in der DDR zu lösen und freie Wahlen durchzusetzen. Das Regierungsprogramm des neuen Ministerpräsidenten Modrow decke sich schon mit vielen Forderungen des Neuen Forums. Die Regierung müsse noch bekennen, daß die Reformen durch das Volk bewirkt wurden, nicht durch die SED.

Schnell vereinnahmt

Sie sind stolz auf das, was sie erkämpft haben, was für sie und für die Wartenden am Schlagbaum in Bergen noch bis vor einigen Stunden nicht denkbar war: ein fast freizügiger Grenzverkehr. Da stößt es leicht übel auf, wenn dieser Erfolg von westlichen Offiziellen mit einem schnellen „Wir" mitvereinnahmt wird. Vorsichtig, zurückhaltend heißt es zu diesem „Wir", daß man das vielleicht doch etwas anders sehen muß . . .

Nicht als Bettler

Die Liberalisierung der Reisebestimmungen ist für Knut Hölzer nicht das herausragende Problem. Denn wenn jetzt völlige oder weitgehende Reisefreiheit herrscht – mit welchen Mitteln soll das bezahlt werden? „Ich will nicht dastehen wie ein Bettler", unterstreicht der zweite Gast aus der DDR in dieser Nacht seine Ambitionen. Da wirken die ihm und seinen Gefährten mit Gönnergeste hinübergeworfenen Päckchen Zigaretten fast wie ein Hohn auf diese Worte.

„Habe noch Hoffnung"

Wie der Problemkreis Finanzen/Reisen gelöst werden soll, ist ihm zur Zeit auch noch ein Rätsel. Im Arbeitskreis Wirtschaft des Neuen Forums habe es noch am Abend zuvor große Kontroversen gerade um die Frage der Konvertierbarkeit der Währung gegeben, berichtet Knut Hölzer, selbständiger Glasermeister. Seine Vorstellung: Die Bürger der DDR hätten es selbst in der Hand, durch ihre Wirtschaft dazu beizutragen, daß die Mark der DDR mehr wert wird. Wenn allerdings immer mehr DDR-Bürger ausreisen, werde die Wirtschaft immer mehr geschwächt. „Aber ich habe noch Hoffnung, deshalb fahren wir wieder zurück!"

Flucht aus Wittenberge

Die neun Insassen der drei folgenden Fahrzeuge haben diese Hoffnung aufgegeben. Drei Mitglieder des DRK-Krankentransports aus Wittenberge mit Frauen und Kindern reagieren auf die Frage, ob auch sie nur auf Stippvisite kommen, als hätten sie Menschen von einem anderen Stern vor sich. Sie waren schon drauf und dran, über die ČSSR auszureisen, haben sich dann kurzfristig für den Weg über Salzwedel entschieden. Keine Frage, für sie ist das Kapitel DDR abgehakt, sie glauben nicht an die Wirksamkeit der Reformen. Ihre Motive: Überstunden und Überstunden bei einem Monatslohn von 800 bis 1000 Mark. „Das ist ein Ausgenütze da!" Dafür, daß es im Kreis Perleberg und insbesondere in Wittenberge wirtschaftlich besonders mies sein muß, spricht, daß von den ersten für immer Ausreisenden über Bergen in dieser Nacht die meisten aus jenem Städtchen an der Elbe kommen. Von leeren Regalen und Löhnen, die deutlich niedriger sind als im Süden der DDR, ist die Rede – übrigens: der Parteisekretär aus Perleberg habe sich eine Kugel durch den Kopf gejagt . . .

Zur Schicht zurück

Und irgendwann ist dann der Damm gebrochen. Nicht länger bestehen die DDR-Grenzer auf die Erklärung, daß man der DDR auf immer den Rücken kehren wolle, um die Schlagbäume zu heben. Die mittlerweile auf etwa 40 Wagen angewachsene Kolonne in Cheine, am ersten Grenzkontrollpunkt, setzt sich nach und nach in Bewegung. „Wahnsinn", „irre!", weiche Knie und markige Sprüche nach Passieren der Grenzlinie, Sektkorken knallen – vereinzelt: Die Masse der DDR-Bürger will nur kurz mal gucken und dann, pünktlich zur nächsten Schicht, wieder zurück, die Null-Promille-Grenze ist nicht gefallen. Viele von ihnen haben schon in den Betten gelegen, als sie im Radio oder Fernsehen von der Öffnung der Grenzen erfuhren. Und dann schnell in den Wartburg und hin, vielleicht in Salzwedel noch der erste oder zweite sein, nur nicht der letzte. Ein Salzwedeler steckt das ihm zur Begrüßung von Wartenden in Bergen gereichte Bier ins Auto. „Das nehme ich mit, trinke ich drüben. Das zeige ich dem Nachbarn, der schläft noch: Schau mal, ich war im Westen."

„Trabbi" kommt spät

Fast drei Stunden bis 2.42 Uhr verstreichen, bis nach vielen Wartburgs und manchen Ladas der erste „Trabbi" in Sicht kommt. „Dafür habe ich 20 Monate gesessen, daß ich hier mal her wollte", ist die erste Reaktion eines Fahrers. Ein Lenzener ist mit geborgtem Auto auf dem Weg nach Pevestorf, dem 18jährigen Sohn mal eben zeigen wo sein Opa wohnt . . .

In Reichsbahn-Uniform

Vom Soziussitz eines Motorrades schwingt sich ein Herr in blauer Jacke, gerade vom Dienst gekommen wie so manch anderer. „Mensch, ich hab' ja noch Uniform an", spricht's, öffnet die Jacke, und die Reichsbahn-Kluft kommt zum Vorschein. Ein Diesdorfer erwähnt die Beziehungen seines Wohnortes zum Sportverein Atlas Delmenhorst. Ein sportlicher Vergleich sei vor zwei Jahren von den DDR-Behörden verwehrt worden. „Jetzt fahren wir privat hin . . ." Kein Trotz, sondern eine riesige Freude über die neugewonnene Freiheit spricht aus diesen Worten. Und auch kaum ein böses Wort über die DDR-Grenzer, die auf Salzwedeler Seite von den Ereignissen offensichtlich vollends überrollt werden, wird laut. Dem einen nehmen sie sämtliches DDR-Geld ab, der andere darf 300 Mark behalten, der nächste muß nur angeben, wieviel Devisen er ausführt.

Kaffeetrinken beim Bruder

Kurz nach drei Uhr haben 63 DDR-Bürger die Grenze passiert, 18 von ihnen wollen für immer im Westen bleiben. Um sieben Uhr sind rund 300 Gäste über die Grenze gekommen, etwa 30 wollen bleiben, um 10.30 Uhr sind es 500, von denen knapp 40 der DDR endgültig den Rücken kehren wollen. Mittlerweile sind die ersten Stippvisite-Besucher schon wieder zurückgefahren. Der eine war nur mal eben zum Kaffeetrinken beim Bruder, die anderen schnell durch Clenze gekurvt und wieder heim.

Großes Durcheinander

Von der im DDR-Rundfunk verbreiteten Bestimmung, daß ab acht Uhr nur noch mit Visum eine Ausreise gestattet wird, merkt man in Bergen zunächst nichts: Zunächst kommen die Reisenden noch mit Personalausweis ohne jeglichen Vermerk, dann mit Zählkarte, schließlich die ersten mit Visum, dann wieder ohne – das Durcheinander drüben steigert sich. Eindeutig ist allein, daß für Westler ohne Visum die Grenze weiterhin versperrt ist. Mehrere versuchen es trotzdem, werden zurückgewiesen. Einem Bundesbürger geben die DDR-Beamten die Bitte mit, den Grenzschutz aufzufordern, ohne Visum niemanden mehr hinüberzulassen. Das liegt jenseits dessen Kompetenzen. Aber bei der stündlich wechselnden Lage vertrösten die DDR-Grenzer: Morgen vielleicht ist auch für Westler der Grenzübergang offen . . .

Vorgezogenes Wochenende

In Salzwedel, heißt es in den Morgenstunden von DDRlern, stehen Hunderte, ja Tausende vor dem Volkspolizeikreisamt und begehren das Visum. Gegen Mittag sind es deutlich mehr als tausend, die über die Grenze gekommen sind. In Salzwedel scheint an diesem Tag in mehreren Betrieben die Arbeit zu ruhen, vorgezogenes Wochenende. Mittlerweile ist auch der erste Radfahrer hier angekommen. Am Sonnabend und Sonntag dürfte der Zustrom noch deutlich anwachsen. -rst-

Nach der Nachtschicht über die Grenze

„Wir wollten selbst erleben, ob das alles wirklich stimmt"

Bohrarbeiter im „Trabbi" nach Lüchow – „Endlich frei reden"

Lüchow. „Daß das so geklappt hat, ich kann's immer noch nicht glauben." Klaus Givens, 29jähriger Ostberliner, der seit 1981 im Raum Salzwedel in Sichtweite des Metallgitterzaunes nach Erdgas bohrt, ist die Freude anzusehen. Gemeinsam mit drei Kollegen unterschreibt er gestern kurz nach 8 Uhr im Sozialamt der Lüchower Samtgemeindeverwaltung den Besucherschein, erhält 100 DM, das sogenannte Begrüßungsgeld. Zum ersten Mal sind die vier jungen Männer im Westen, wo sie schon immer einmal hinwollten, sagen sie. Es ist nur ein kurzer Trip, denn schon in der Mittagszeit tuckert ihr „Trabbi" über die Grenzkontrollstelle in Richtung Salzwedel. Die Pflicht ruft, um 13 Uhr beginnt die Spätschicht der kurzentschlossenen Ausflügler.

Freitag, während der Nachtschicht auf dem Bohrturm, der von Volzendorf aus gesehen hinter der deutsch-deutschen Grenze greifbar nahe erscheint, werden Klaus Givens, Josef Kütter, 38 Jahre, aus dem Bezirk Cottbus, Axel Block, 26 Jahre, aus dem Bezirk Rostock, und Frank Pierstorff, 26 Jahre, aus Grimmen bei Stralsund, sowie drei weitere Männer ihrer Schicht von der plötzlichen Öffnung der Grenzübergänge durch die DDR überrascht. Gespannt verfolgt das Kollektiv in den Pausen die Rundfunkübertragungen auf NDR 2, Direktübertragungen von der Berliner Mauer und den Transitübergängen wecken ihre Neugier. Um 3 Uhr hat Klaus Givens die Idee: „Wir fahren auch." Alle schließen sich ihm an. „Jetzt oder nie", lautet die Devise. Doch Klaus Givens' Trabant setzt Grenzen. „Vier Mann gehen nur rein in die Pappe, sonst wären die anderen drei Kollegen auch mitgekommen", erzählt der „Trabbi"-Fahrer später in Lüchow.

Nach Ende ihrer Schicht haben es die jungen Männer eilig. In ihrer Unterkunft an der „Straße der deutsch-sowjetischen Freundschaft" in Salzwedel nehmen sie sich wenig Zeit. Gewaschen und flüchtig rasiert geht es in Richtung Bergen, „weil wir wissen wollten, ob das alles, was wir gehört haben, wirklich stimmt". Etwas Herzklopfen spüren sie schon, als sie sich gegen 6 Uhr dem Grenzkontrollpunkt nähern. Für sie unerwartet freundlich werden sie auf seiten der DDR abgefertigt, schnell und problemlos noch dazu. Die Zählkarte füllen sie aus, zeigen ihre Personalausweise und staunen darüber, daß sie lediglich nach ihrem Zielort und danach gefragt werden, ob sie die DDR als Ausreisende verlassen möchten. „Wir hatten nicht damit gerechnet, daß uns die Grenzsoldaten ohne weiteres durchlassen", bekennt Josef Kütter. Schließlich haben die vier Arbeiter bisher überwiegend negative Erfahrungen mit den DDR-Sicherheitsorganen gesammelt. „Jetzt herrscht spürbar ein anderer Ton", urteilt Kütter.

Die Stimmung im kleinen „Trabbi" steigt, Müdigkeit spüren die Reisenden nicht, sie ist von Euphorie verdrängt, als Klaus Givens wieder Gas gibt. Mindestens sechs weitere DDR-Personenwagen folgen ihnen in dieser frühen Stunde, andere kommen ihnen bereits wieder entgegen, befinden sich auf der Rückfahrt.

Kurz vor 7 Uhr hält das Auto in der Langen Straße in Lüchow direkt vor einem Café. Spontan wird ihnen Kaffee und Kuchen angeboten, eine Geste, die die DDR-Bürger ebenso wohltuend empfinden wie später die Aufnahme im Rathaus. „Wir haben nicht damit gerechnet, daß alles hier so unbürokratisch abgewickelt wird," staunt Frank Pierstorff, und sein Kollege Axel Block gibt ihm recht: „Kaum zu glauben."

Auch die Wende in der DDR hat sie überrascht, die Ereignisse der vergangenen drei Wochen überschlugen sich, ehe ihre Tragweite von vielen richtig eingestuft werden konnte. Die vier Arbeiter vom Bohrturm auf der anderen Seite des Zaunes bei Volzendorf schwärmen von der „ehrlichen Berichterstattung" in den Nachrichtensendungen des DDR-Fernsehens, sind erleichtert darüber, „daß wir jetzt ohne Furcht vor Folgen eigene Gedanken frei aussprechen können". Ohne diese Meinungsfreiheit ging es bisher nur rückwärts. Josef Kütter bekräftigt: „Probleme müssen beim Namen genannt werden können, denn Kritik hilft immer

Nur 46 wollen hierbleiben

Bergen. Bis 16.30 Uhr passierten gestern 3 066 DDR-Bürger die Grenze bei Bergen. Eine Stunde zuvor waren es noch 2 449 gewesen, zwischen 13.30 und 15.30 Uhr allein waren fast 1200 Menschen dort eingereist. Die 3 066, letzte greifbare Zahl vor Redaktionsschluß, waren in 1048 Pkw, auf 61 Krädern, sieben Fahrrädern und in einem Taxi gekommen. Am Nachmittag setzte eine relativ starke Rückreisewelle ein: Bis 16.30 Uhr waren 700 DDR-Bürger bereits über Bergen wieder heimgereist. Interessant sind insbesondere zwei Zahlen: Nur 46 DDR-Bürger bekundeten, nicht mehr in ihr Heimatland zurückkehren zu wollen. Und nur 48 hatten bis 16.30 Uhr mit dem offiziellen Visum die Grenze überschritten, die übrigen mit Zählkarten oder ohne jeglichen Eintrag in ihren Personalausweis.

weiter.“ Und erleichtert atmet er auf: „Jetzt geht’s bei uns wieder vorwärts.“

Zuversichtlich blicken auch seine Kollegen in die Zukunft. Die neuen unbürokratischen Reiseregelungen in den Westen seien ein Teil der Wende, an dem anderen müsse jetzt gearbeitet werden: an der Verbesserung der wirtschaftlichen Lage. Die Grundvoraussetzung dafür aber sind freie Wahlen, da sprechen die vier wie aus einem Mund. „Bei der letzten Kommunalwahl haben die und so gelinkt, das lassen wir uns kein zweites Mal gefallen“, ist Klaus Givens überzeugt. Drum hat er auch Verständnis für diejenigen, die dem Arbeiter-und-Bauern-Staat in den letzten Wochen davongelaufen sind. Für ihn und seine Kollegen stellt sich diese Frage jedoch nicht. Alle möchten ihre Familien nicht missen und wissen „die Kinder in staatlichen Einrichtungen bestens aufgehoben“.

„Wenn ich heute abend meiner Frau am Telefon von unserem Ausflug erzähle, glaubt die, ich sei angetrunken“, vermutet Josef Kütter. Mitbringsel werden als Beweise des Kurzaufenthalts mit rübergenommen. Kütter kaufte als erstes ein Modejournal mit Schnittmustern. „Dann kann sich meine Frau etwas Schickes schneidern“, freut sich der Familienvater. Klaus Givens entscheidet sich für Bausteinkästen für seine beiden Söhne. Frank Pierstorff und Axel Block sind vor dem Einkaufsbummel noch unentschlossen. Bis auf den letzten Groschen, sind sie sich einig, werden die 100 DM jedoch nicht ausgegeben.

Ihre Achtstundenschicht auf der Bohrstelle treten die vier Lüchow-Besucher Freitag mittag pünktlich an. Die Wachposten an dem Gelände sehen sie nicht erst seit gestern als überflüssig an. „Die werden bald richtig arbeiten müssen“, erzählen sich die Männer, die nun die sechs arbeitsfreien Tage in ihren Familien herbeisehnen. Josef Kütter will seine Frau dann mit einem plötzlich nicht mehr utopischen Reisevorschlag überraschen: „Im nächsten Jahr fahren wir nach Köln, in meine alte Heimat.“ Kütter ist dort geboren, bevor die Familie in den 50er Jahren in die DDR übersiedelte. -ür-

Trabbi darf qualmen

Zulassungsvorschriften wurden gelockert

Lüchow. Damit DDR-Übersiedler ihre hoffnungslos veralteten „Trabant“ und „Wartburg“ legal über bundesdeutsche Straßen fahren können, hat die Bundesregierung umfangreiche Ausnahmen von den Bauvorschriften der Straßenverkehrszulassungsordnung (StVZO) angeordnet.

Nach Auskunft des TÜV wird die Zulassung und Begutachtung der Automobile aus volkseigener Produktion nach einem vereinfachten Verfahren abgewickelt. Aufgabe des Sachverständigen beim TÜV ist es, festzustellen, ob die Fahrzeuge technisch in Ordnung sind. Dazu gehört die Prüfung von Reifen, Lenkung, Beleuchtung und Bremsanlage. Nächstgelegene Prüfstellen für DDR-Pkw sind die Anlagen des TÜV in Lüneburg und Uelzen.

Eine ASU bzw. eine CO-Messung bei den zweitaktenden Pkw gehört in der Regel mit zum Prüfumfang, wenngleich die Fahrzeuge von den strengen bundesdeutschen Abgasvorschriften freigestellt sind.

Im Einzelfall werden auch bei DDR-Autos Nachrüstungen erforderlich sein, sofern diese technisch möglich sind und der Aufwand zumutbar ist. Dies gilt beispielsweise für eine Warnblinkanlage, die in einigen der Autos aus Eisenach nicht zum Ausstattungsumfang gehört.

Wie der TÜV betont, ist die Freistellung von den Vorschriften der StVZO nicht personen-, sondern fahrzeuggebunden. Ein späterer Verkauf des Trabbis oder Wartburgs ist also jederzeit möglich – sofern sich überhaupt ein Käufer findet.

DIE „TRABBIS“ ließen lange auf sich warten. Erst knapp drei Stunden nach Öffnung der Grenzen rollte gegen 2.42 Uhr der erste der DDR-Kleinwagen mit dem markanten Zweitakter-Motorgeräusch an der Grenzkontrollstelle Bergen vor. Aufn.: R. Stremmler

„Ein mutiger, notwendiger Schritt“

Erste Stimmen: Was Kommunalpolitiker und der OKD über den 9. November denken

Lüchow. Ob Oberkreisdirektor, Landrat oder die Fraktionsvorsitzenden der Parteien im Kreistag, in einem Punkt sind sie sich alle einig: Der 9. November 1989 ist ein denkwürdiger Tag deutscher Geschichte. Am Donnerstag wurden die Schleusen geöffnet, und gestern schwappte die erste Reisewelle der DDR-Bürger wie eine Flut auch auf Lüchow-Dannenberg über: „Trabbis“ schnauften über hiesige Straßen, DDR-Reisende deckten sich in den Läden vor allem mit begehrten Lebensmitteln ein. Quer durch die politischen Fraktionen fand der Mut der DDR-Führung ein positives Echo. Beim Stimmenfang der EJZ spannten sich die Kommentare führender hiesiger Kommunalpolitiker von „ein mutiger, notwendiger Schritt“ (Klaus Wojahn, CDU) bis hin zum einfachen „eine wunderbare Sache“ (Dr. Joachim Schwarze, UWG).

Kaltgelassen haben die Ereignisse keinen der Befragten. Klaus Wojahn sprach im Namen der CDU-Fraktion von einem „überwältigenden“ Schritt. „Ich würde mich freuen, wenn die DDR-Bürger jetzt ihr Selbstbestimmungsrecht verwirklichen können.“ Er sieht in diesem Schritt eine Politik, die nun von der DDR nicht mehr zurücknehmbar sei. Notwendig sei jetzt, Gespräche zu führen, gegenseitige Wünsche zu erfüllen. Ein symbolischer Akt wäre zum Beispiel – so Wojahn weiter –, wenn zwischen Ost und West nun auch wieder über die Elbe eine Fähre eingesetzt würde. Und eine Verkehrsanbindung über die Dömitzer Brücken könnte dem hiesigen Landkreis auch einen wirtschaftlichen Aufschwung bescheren. Wojahns freundschaftliche Botschaft an die Reisenden: „Hallo Nachbarn, ich begrüße euch.“

Für Christian Zühlke, den SPD-Fraktionsvorsitzenden, sind der 9. November und dessen erste Folgen „das historische Ereignis schlechthin, das ich als 50jähriger miterleben durfte“. Er wünscht sich, daß die DDR-Bürger weiterhin massenhaft auf die Straßen gehen und sich einen Staat gestalten, wie sie ihn sich vorstellen. Von Wiedervereinigung solle man jedoch noch nicht reden, denn „darauf können wir noch warten“. Für die DDR wünscht sich der Sozialdemokrat demokratische Veränderungen wie freie Wahlen, aber demokratische Formen in Betrieben heiße noch nicht gleich: kapitalistisches System. Die DDR solle ihren eigenen Weg finden. Zwar sieht Zühlke für Lüchow-Dannenberg durch die neuesten Entwicklungen wirtschaftlich keinen revolutionären Aufschwung, aber immerhin: Als Durchgangspunkt bei einer Berlin-Hannover-Anbindung „böten sich durchaus Chancen.“ Zühlke strebt sobald wie möglich Kontakte seitens Lüchow-Dannenbergs mit der DDR an.

Auf „wirkliche Demokratie“ in der DDR hofft nun Landrat Werner Meiner (CDU). Immer wieder habe er „sehnlichst herbeigesehnt“, daß DDR-Bürger mit Bundesdeutschen zusammen zum Beispiel auch feiern könnten – dieser Augenblick sein nun nicht mehr fern. Der hiesige Landkreis solle bei seinen Kontakten zur DDR nichts überstürzen, Vorschläge machen, aber auch den Vier-Mächte-Status berücksichtigen.

Aus Sicht der Verwaltung begrüßte auch Oberkreisdirektor Klaus Poggendorf die Entscheidung der DDR. Der Verwaltungschef verspricht sich von dem historischen Moöment „erhebliche wirtschaftliche Impulse“ für Lüchow-Dannenberg. Stichworte wie „durchlässigere Grenze“, „Berlin-Anbindung“ und „intensivere Ost-West-Wirschaftsbeziehungen“ fielen Klaus Poggendorf spontan ein. Der OKD wörtlich: „Ob die DDR bei diesem Kurs bleibt, weiß ich nicht, ich hoffe es jedoch.“

Zwar zeigte sich auch Dr. Joachim Schwarze (UWG-Fraktion) positiv überrascht von dem Schritt der DDR, hofft, daß man dort den Kurs durchhält, doch bei ihm überwiegt die Skepsis. Er befürchtet eine „kurzfristige Geste“ des ostdeutschen Staates, hält es für möglich, daß „die bürokratischen Bremsen bald wieder angezogen werden“. Begründung: Die DDR-Führung sei zur Zeit einfach nicht mehr Herr der politischen Lage. Für nicht ausgeschlossen hält der UWG-Politiker, daß es im Kreistag bald eine Sondersitzung gebe, die sich unter anderem mit einer Ost-West-Verkehrsanbindung zu beschäftigen habe.

„Die Bevölkerung hat den Staat in die Knie gezwungen: Das ist Demokratie.“ Die Bewunderung der Grünen im Kreistag gilt denen, die in der DDR politisches Rückgrat bewiesen haben, betonte gestern Adolf Lambke, Fraktionssprecher dedr Grünen, gegenüber der EJZ. Eine Berlin-Anbindung rücke jetzt auch für seine Partei wieder verstärkt in die Diskussion, aber bei aller Euphorie in Sachen Wirtschaftsaufschwung warnt Adolf Lambke auch: „Die ganze Entwicklung ist sicher nicht negativ für den Landkreis, aber man sollte nicht gewaltige Hoffnungen damit verbinden.“

Für Christoph Frh. v.d. Bussche, Sprecher der FDP im Kreistag, handelt es sich beim 9. November um einen „mehr als denkwürdigen Tag“. Auch er hofft auf Perspektiven für den hiesigen Landkreis, bei einer Öffnung wirtschaftlich aus dem Abseits herauszukommen. Er sieht aber auch eine Gefahr auf die Beziehungen zukommen: daß nämlich die Bundesbürger sich und den Kapitalismus als Sieger sehen und die DDR in eine Verliererrolle drängen.

Der FDP-Mann trifft mit zwei weiteren Statements wohl die Stimmung vieler in diesen Tagen: „Es wird ungemein spannend.“ Und: „Das dauert einen Moment, bis man das alles kapiert . . .“

-gel-

Allein Sonnabend strömten 25 000 DDR-Bürger von Salzwedel über die Grenze

Die Altmark muß leer gewesen sein

„Trabantenstadt“ Bergen – Bis zu sechs Stunden im Stau – „Muß man mitgemacht haben“

Bergen. „Das ist Hektik, aber das muß man mitgemacht haben, sonst kann man nicht mitreden. Denn in den nächsten Tagen ist das normal . . .“ Bis zu sechs Stunden standen sie im Stau, die etwa 25 000 überwiegend aus der Altmark stammenden Besucher aus der DDR, die allein am Sonnabend über Bergen als Besucher ins Bundesgebiet einreisten. Wofür nimmt man diese Strapazen in Kauf? Um dabeigewesen zu sein, „um zu sehen, ob es auch wirklich wahr ist, daß die Grenzen offen sind“, um einmal nach Jahrzehnten zu sehen, ob der Westen wirklich so ist, wie man ihn aus dem Westfernsehen kennt, um Verwandte zu besuchen, nicht zu vergessen der Südfrüchte wegen. Manche sollen auch einfach mitgerissen worden sein vom befristeten Exodus, aus der Schlange nicht mehr herausgekommen, die sich vom jenseitigen Stadtausgang Salzwedel kilometerlang durch die Kreisstadt in Richtung Bergen wälzt.

„Die Altmark muß leer gewesen sein“, umriß ein Salzwedeler die Situation jenseits der Grenze. Freitag hatte sich der Mann im Krankenkaus auf eigenes Risiko gesundschreiben lassen, sich ins Auto gesetzt und war nach Bergen gefahren. Die Schulen in Salzwedel, war zu erfahren, haben Sonnabend nach der zweiten Stunde geschlossen: Kaum Schüler mehr da, alles auf dem Weg nach Bergen. Schon am Freitag soll in Salzwedel die Arbeit weitgehend geruht haben. „Das hat einen Vorteil“, meinte ein Salzwedeler zu diesem Massengrenztourismus aus seiner Heimatstadt: „Am Dienstag sind die Fleischerläden voll“, da kaum einer am Wochenende zu Hause einkaufen ging.

Sechs Stunden in der Trabbi-Schlange, eingehüllt in eine blaugraue, stinkende Qualmwolke, wie groß muß das Verlangen drüben gewesen sein, einmal auf die andere Seite des Zauns zu gelangen, durch eine westliche Einkaufstraße zu flanieren, zu schauen, zu kaufen! Obwohl der Rundfunk frühzeitig die langen Rückstaus und mehrstündige Wartezeiten meldete, gingen sie auf Tour. Die herzliche Begrüßung in Bergen, dem „Flaschenhals“, wo sich die ursprünglich fünf Ausreisespuren auf eine einzige verringern, war für viele allein schon die Mühe wert: Der Beifall, der jedem DDR-Bürger, ob nun mit dem Auto, dem Fahrrad oder zu Fuß über die offene Grenze, entgegenbrandete, überwältigte viele, ließ den Streß der Fahrt vergessen. Nicht selten entlud sich die Freude in einem haltlosen Strom von Freudentränen.

Kurz hinter der Grenze am Campingplatz Bergen: Erste Anlaufstelle, um das Begrüßungsgeld entgegenzunehmen, heiße oder kalte Getränke werden gereicht, auch die Gulaschkanone steht pausenlos unter Dampf. Im Schützenhaus wenig weiter fließen „Runden“ über „Runden“ für die Besucher, von Wirt und Gästen spendiert, ähnlich auch in den anderen Gaststätten im Ort. In Bergen sind die meisten Geschäfte noch länge über den üblichen Ladenschluß hinaus geöffnet, Kaffee und Punsch literweise wird von den Kyffhäusern ausgeschenkt, die schon früh fast alle Süßigkeiten im Ort eingekauft haben und den Kindern in den Autos als Begrüßung entgegenreichen. Das Größte für die Neuankömmlinge aber ist die Herzlichkeit, die ihnen überall entgegenschlägt: Spontane Einladungen zum Übernachten werden ausgesprochen, das Winken also nicht als Pflichtübung, sondern als Ausdruck ehrlichen Willkommens – die Stimmung war einfach phänomenal.

Nicht alle überstehen den Anfahrtstreß so gelassen wie das Gros der Besucher: Kopfschmerzmittel sind in der Bergener Apotheke besonders gefragt, und eine Frau aus der Altmark muß in Lüchow eilends zum Arzt: Für eine Stunde wollten sie nur mal eben herüber, dann schnell wieder zurück. Die Medikamente gegen ihre Zuckerkrankheit sind drüben geblieben. Ein Lüchower Arzt hilft schnell und unbürokratisch.

Gut 6 000 kamen am Freitag zwischen 0.55 und 24 Uhr via Bergen aus der DDR in die Bundesrepublik, die unerwartet große Karawane von 25 000 DDR-Bürgern bescherte am Sonnabend den langen Stau, deutlich zügiger floß der Verkehr am Sonntag, was wohl auch darauf zurückzuführen ist, daß nicht wenige per Fahrrad an der Autoschlange vorbeiradelten – zum zweiten Mal „rüber“, nach den Erfahrungen im Stau vom Vortag und in dem Wissen, daß es per „Drahtesel“ noch schneller über die Grenze geht.

Das Bemühen der Verantwortlichen von Grenzschutz, Polizei und Feuerwehr war bald darauf ausgerichtet, den Verkehr möglichst zügig aus dem Flaschenhals Bergen herauszuführen, daoch ohne Erfolg: Das Gefühl, endlich, nach so viel Jahren erstmals im Westen zu sein, wollten viele DDR-Bürger gleich auskosten nicht erst Kilometer später. Bergen war seit Freitag „Trabantenstadt“ von Salzwedel, im wahrsten Sinne des Wortes. Und Bürgermeister Hildebrandt nahm es gelassen zur Kenntnis, daß der geplante Antrag, Bergen zum Luftkurort zu machen, wohl wenig Aussicht auf Erfolg hat angesichts der Abgase aus Zehntausenden von Zweitaktermotoren.

„Sauer“ waren die Bergener Verkehrlenker allein über die Dannenberger Werbegemeinschaft, die den Fluß der Tabbis und Wartburgs dadurch behinderte, daß sie auf der Straße Kreiskarten verteilte (die zudem Dannenberg deutlich herausstellten). Bergens Bürgermeister Hildebrandt zur Verkehrssituation im Grenzort: „Die Werbegemeinschaft Dannenberg hat sich als einzige undiszipliniert benommen!“ -rst-

DIE ÖFFNUNG der Grenzen führte zu einem beispiellosen Andrang auf den Grenzübergang Bergen aus der DDR: Autos, soweit das Auge reichte, bis hinter Salzwedel baute sich der Stau auf. Noch länger war die Fahrzeugkolonne in Gegenrichtung bei der Rückkehr am Sonntagabend, als das Ende der Schlange in Uelzen stand. Aufn.: R. Stremmler

50 000 kamen bis Sonntagabend

Nur 149 wollen nicht wieder zurück – Langer Stau bei Rückreise

Bergen. Kurz vor 18 Uhr passierte am Sonntag der 50 000. DDR-Bürger seit Öffnung der Grenzen am Freitag früh um 0.55 Uhr den Grenzkontrollpunkt Bergen. Danach ebbte der Strom deutlich ab, nur vereinzelt noch kamen Fahrzeuge aus der DDR. Mit 23 695 Besuchern aus der DDR am Sonntag wurde das Ergebnis des Sonnabends nur knapp verfehlt.

Die Bilanz des dreitägigen Grenztourismus am Sonntag punkt 18 Uhr: 50 072 DDR-Bürger kamen via Bergen. Im einzelnen zählten Bundesgrenzschutz und Zoll 15 489 Personenwagen, 1155 Kräder, exakt 1111 Fahrräder, 245 Fußgänger und 14 Busse: Der VEB Kraftverkehr Salzwedel richtete Sonderfahrten ein, die Busse wurden per Blaulicht an der Autokolonne vorbei nach Bergen geleitet und von dort gleich zur Weiterfahrt nach Clenze angehalten.

Nur 149 DDR-Bürger erklärten den Grenzbeamten, daß sie nicht in die DDR zurückkehren wollen. Das sind weniger als 0,3 Prozent der Einreisenden. Bis Sonntag 18 Uhr waren 47 701 DDR-Bürger über Bergen wieder in die DDR zurückgekehrt. Während sich die Rückreise am Sonnabend einigermaßen zügig abwickelte, kam es am Sonntag zu Staus, die in der Länge die von der Einreise bei weitem überboten. Von Bergen bis Uelzen zur B 4 zurück herrschte „Stop-and-go", rund 30 Kilometer weit. An der Grenzkontrollstelle Bergen rollte die Blechkarawane aber zügig vorbei. Die Neue Straße aus Jiggel war früh gesperrt worden, um dort einen Engpaß zu beseitigen; der Verkehr wurde umgeleitet.

Die zum Teil bis zu 30 Jahre alten DDR-Autos erwiesen sich, abgesehen von den Abgasschwaden die sie ausstießen, besser als ihr Ruf: Trotz stundenlangen Kuppelns und Schaltens im Stau auf der Hin- und Rückreise gab es nur wenige Pannen, zumeist Kupplungsschäden. Überhaupt erwiesen sich die DDR-Besucher als sichere Autofahrer selbst in dem für sie wohl ungewohnten Gewühl auf den Straßen des Landkreises. Die Unfälle im Raum Bergen dieses Wochenendes gingen zumeist auf das Konto bundesdeutscher Kraftfahrer.

Da brausten die Trabis, Wartburgs, Simson-Zweiräder und Radler mit einer Selbstsicherheit über die Straßen, die wohl auch dadurch gefördert wurde, daß ihnen die Passanten allerorten freundlich zuwinkten, Fahrzeuge im Gegenverkehr durch Lichthupen grüßten. Überhaupt wurde seitens der bundesdeutschen Kraftfahrer wohl lange nicht mehr so viel Rücksicht und defensives Fahrverhalten an den Tag gelegt, wie an diesem Wochenende. Und daß so nebenbei manche Verkehrsregel stillschweigend als außer Kraft gesetzt betrachtet wurde, ergab sich allein aus der Notwendigkeit, die Vielzahl der in die Städte strebenden DDR-Autos unterzubringen. Park- und Halteverbot? Wer kümmerte sich schon darum. Die Polizei drückte, insbesondere was Verstöße gegen Park- und Halteverbot anging, beide Augen zu.

Beim Loben dürfen die Beamten des Zolls und des Bundesgrenzschutzes, der Polizei und insbesondere der Feuerwehr nicht vergessen werden, die in Bergen in den Abgaswolken aus Tausenden von Zweitakterauspuffen zwischen den Fahrzeugschlangen Einreiseformalitäten regelten und den Verkehr lenkten, mancher schon bald von argen Kopfschmerzen geplagt, aber stets um Freundlichkeit bemüht. -rst-

Jüngster DDR-Besuch gestern hier geboren

Juliane kam unerwartet acht Tage früher

Dannenberg. Ein DDR-Baby erblickte gestern um 8.30 Uhr im Kreiskrankenhaus in Dannenberg das Licht der Welt: Juliane, so heißt das Kind, ist die dritte Tochter der Eheleute Martina und Roland Huth aus Aulosen, die am Sonnabend über Bergen zu einer Stippvisite ins hiesige Kreisgebiet gefahren waren.

Die Huths hatten sich in ihren Moskwitsch gesetzt, um Verwandte in Dannenberg zu besuchen. Erwartet war die Geburt des neuen Familienmitglieds erst für den 20. November, doch die Kleine meldete sich zur Überraschung der Eltern etwas früher! Der Weg ins Krankenhaus war nicht weit, und schon bald hielt Martina Huth ihr Töchterchen im Arm und erfuhr: Juliane ist ebenso gesund und wohlauf wie ihre Mutter, mißt 52 Zentimeter und wiegt runde 3 600 Gramm.

Julianes Geschwister Stefanie (5) und Christiane (7) betrachteten den Familienzuwachs ebenso glücklich wie Vater Roland. Er mußte gestern nachmittag wieder zurück nach Aulosen fahren, zur Arbeit als Traktorist; doch am Wochenende kommt er wieder, um Frau und Kind aus Dannenberg abzuholen. Sehr positiv äußerte sich Frau Huth über die gute und liebevolle Betreuung im Kreiskrankenhaus. Einer der ersten Gratulanten dort war gestern der Geschäftsstellenleiter der Kreissparkasse in Dannenberg, Günter Wedhorn. Er überraschte die Familie Huth mit einem Geschenk und mit der Nachricht: Die Kreissparkasse übernimmt die Patenschaft für Juliane! Gast auf der geburtshilflichen Station war gestern auch Dannenbergs Bürgermeister Hermann Predöhl, der Martina und Juliane Huth namens der Stadt ein Geschenk überreichte. -jg-

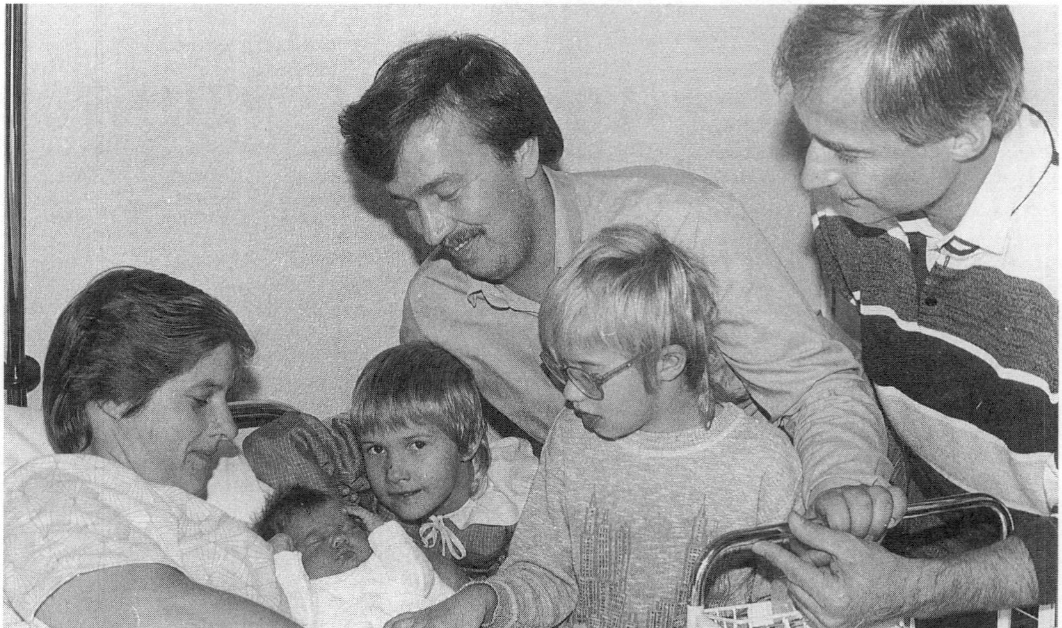

GLÜCKLICH hält Martina Huth aus Aulosen/DDR ihre jüngste Tochter im Arm: Juliane wurde gestern um 8.30 Uhr im Dannenberger Kreiskrankenhaus geboren. Mutter und Kind sind wohlauf. Über den Nachwuchs freuen sich die Geschwister Christiane und Stefanie ebenso wie Vater Roland. Einer der ersten Gratulanten war Geschäftsstellenleiter Günter Wedhorn (rechts) von der Kreissparkasse; die KSK hat die Patenschaft für Juliane übernommen. Aufn.: H. Jung

Zweites Begrüßungsgeld gestrichen

Die Kreiskasse ist leer – Vom Geldumlauf und der Mentalität des Schlangestehens

Lüchow. Das Schlangestehen ... Wo der Deutsche (West) ungeduldig wird, wenn an der Kaufhauskasse mehr als zwei Kunden vor ihm stehen, nimmt der Deutsche ()Ost) eine x-beliebige Schlange zum Anlaß, sich anzustellen. Der Mangel drüben ist so groß, erklärte ein DDR-Besucher, daß man sich, wenn es etwas gibt, erst einmal anstellt, selbst ohne zu wissen, was da verkauft wird. Man wird es schon irgendwie gebrauchen oder tauschen können.

Wenn es in 40jähriger Trennung durch die innerdeutsche Grenze ein Auseinanderdriften der deutschen Mentalität gegeben hat, dann insbesondere in bezug auf die Geduld. Es gibt Begrüßungsgeld, also stellt man sich an. Die ersten Besucher von „drüben" harrten am Sonnabendfrüh schon um sechs Uhr an der Clenzer Post aus, um die 100 DM in Empfang zu nehmen. Die Schalter öffneten zwar erst um acht, wie auch angeschlagen stand, und die Leute hätten auch nach Lüchow oder Uelzen oder in andere Orte fahren können, um dort das Geld zu erhalten, aber da hat sich drüben in 40jähriger Mißwirtschaft wohl etwas festgesetzt, das nicht durch einen einfachen Grenzübertritt abzustreifen ist (und in der DDR wohl noch geraume Zeit an der Tagesordnung sein wird): man stellt sich an. Geduldig, bis zu zwei Stunden.

Improvisation war angesagt in den Verwaltungen, die auf einen solchen Besucherstrom nicht vorbereitet waren – zumal am üblicherweise arbeitsfreien Wochenende. Zum Beispiel war im Lüchower Rathaus schon am Freitag ein Mitarbeiterstab für die Erledigung der Formalitäten zur Auszahlung des Begrüßungsgeldes eingeteilt worden, von dem Ausmaß überrascht, war dann aber reichlich Improvisation angesagt. Wer redet da noch abfällig von Beamtenmentalität, wenn sich – in Lüchow wie auch in anderen Samtgemeinden – die öffentlich Bediensteten spontan zum Dienst meldeten, der Samtgemeindedirektor selbst sogar das Toilettenpapier nachlegte und loszog, wie auch seine Frau, um in den Kaufhäusern Geld auszuleihen, damit nur kein Besucher leer ausging

Den DDR-Bürgern bot sich insbesondere in Lüchow ein Bild des Kapitalismus in Reinkultur: Da floß das Geld aus dem Rathaus durch ihre Hände in die Ladenkassen, von dort zu den Banken oder unverzüglich wieder ins Rathaus, um erneut ausgegeben zu werden. Wie oft mag am Sonnabend oder Sonntag ein einzelner Geldschein diesen Umlauf mitgemacht haben?

Allein an die 700 000 DM Begrüßungsgeld wurden schon am Sonnabend am Campingplatz Bergen von Bediensteten der Gemeinde, Samtgemeinde, Gemeindesparkasse, später unterstützt und abgelöst von Mitarbeitern anderer Verwaltungen aus dem gesamten Kreisgebiet, ausgehändigt. Weitere fast 300 000 DM von der Post in Bergen und Clenze, 350 000 DM von der Samtgemeinde in Lüchow. Auszahlungsstellen gab es auch in Dannenberg, Gartow, zusätzliche wurden noch am Sonntag in der Turnhalle in Clenze und im Lüchower Kreishaus eröffnet. Wieviel Geld da am Wochenende inklusive Freitag umgeschlagen wurde, das wird erst der Kassensturz in den nächsten Tagen ergeben.

Ein anderer Kassensturz wurde schon am Sonntag vollzogen, mit ernüchterndem Ergebnis: Der Etat des Landkreises, aus dem DDR-Bürgern beim zweiten Besuch im Westen noch einmal 20 DM als freiwillige Leistung des Kreises gewährt wurden, war mehr als ausgeschöpft, nachdem viele insbesondere am Sonntag zum zweiten Mal einreisten. Gegen Mittag erging aus dem Kreishaus an alle Auszahlungsstellen die Weisung, die Ausgabe der Zwanziger einzustellen. Manche DDR-Bürger waren bitter enttäuscht. Der Oberkreisdirektor verwies gegenüber der EJZ auf die Finanzlage des Kreises: Eine derartige Überziehung eines Haushaltsanschlages (etwas über 100 000 DM standen für das ganze Jahr zur Verfügung), wie sich abzeichnete, wäre allenfalls mit Kreistagszustimmung möglich gewesen.

Dabei nahmen noch lange nicht alle Besucher von drüben die finanzielle Begrüßung an: Zum Beispiel eine Frau, die nur wenige Stunden Zeit hatte, in Bergen zu verweilen: Da schaute sie lieber und unterhielt sich und genoß das Gefühl, die Grenze überquert zu haben als sich für ein, zwei Stunden in die Schlange vor dem Postamt einzureihen. Und während die einen das Geld mit großer Selbstverständlichkeit entgegennahmen, fühlten andere sich wie Bettler, wie ihre betretene Miene an den kommunalen Kassen verdeutlichte. Doch, was blieb ihnen übrig, wenn sie sich auch nur einen Kaffee leisten wollten, für ihre Mark der DDR war in Lüchow und Umland an diesem Wochenende kaum etwas zu erhalten.

Die Freigiebigkeit, angefangen vom Begrüßungsgeld über das Freihalten in diversen Gasthäusern bis zu Einladungen zum Essen oder Übernachten beschämte manchen Besucher. So jenen, der nach einer Übernachtung bei einem Handwerksmeister die zweite Nacht hier lieber im Auto verbrachte, als weiteren Einladungen zu folgen: Nein, er wollte nicht weiter zur Last fallen ... Selbst das Argument, daß er mit der Annahme der Einladung dem Gastgeber die Möglichkeit gäbe, vielleicht dessen schlechtes Gewissen wegen der ungleichen Verteilung der Reichtümer in den beiden Deutschlands etwas zu lindern, vermochte ihn nicht umzustimmen. -rst-

„Wir erleben ein Aufatmen“

Spontaner Dankgottesdienst zur Öffnung der Grenze gut besucht

Dannenberg. Treffend kennzeichnete Superintendent Joachim Schwietering Freitag abend in Dannenberg das Fühlen, das unzählige Menschen angesichts der geöffneten DDR-Grenze bewegte, mit den Worten: „Heute erleben wir ein Aufatmen.“ Der Geistliche sprach im Rahmen eines Dankgottesdienstes, den die evangelische St.-Johannis-Kirchengemeinde in der Jeetzelstadt spontan angeboten hatte und der erfreulich gut besucht war.

Schon eine Viertelstunde vor dem Gottesdienst hatten die Glocken zu läuten begonnen, um allen, die es noch nicht wußten, mitzuteilen, daß in der Kirche „etwas geschieht“. Informationen von Mund zu Mund, per Telefon und auch Rundfunkdurchsagen war es zu verdanken, daß sich mehr als 80 Menschen zu der Andacht versammelten, zu der sich die Kirchengemeinde aufgrund der aktuellen Ereignisse Freitag nachmittag entschlossen hatte.

Superintendent Schwietering betonte, es bestehe Grund zum Danken dafür, daß eine Grenze geöffnet wurde, „eine Grenze, die uns lange Zeit unüberwindbar schien“. Das Geschehen möge man mit Freude und Dankbarkeit erleben, aber ohne Hochmut, ohne Stolz und ohne Nebengedanken. Schwietering verband seine Betrachtungen zur Grenzöffnung mit Worten zur bevorstehenden Friedensdekade der Kirchen. Der Friede in dieser Welt werde immer wieder durch Menschen in Gefahr gebracht, so wie das Licht der Kerze durch den Wind. Symbolisch für das Licht des Friedens, das in der Welt leuchten soll, aber auch als sichtbares Zeichen der Freude über die Ereignisse an der nun offenen Grenze, entzündeten die Gottesdienstteilnehmer Kerzen und stellten sie vor den Altar der St.-Johannis-Kirche.

Joachim Schwietering rief die Gemeinde zum Beten auf: Wenn viele Menschen sich im Gebet für den Frieden stärkten, dann werde die Chance des Friedens in der Welt wachsen. Konkret möge man auch für die Politiker beten, deren Aufgabe es ist, das, was viele hoffen, in die Tat umzusetzen. -jg-

DIE VOLKSSTIMMUNG des Wiedersehens mit den Nachbarn aus der Altmark trieb muntere Blüten: Aus Jux wurde einem Kfz-Betrieb in der Lüchower Wallstraße dieses Transparent ans Haus gehängt. Wer hätte ahnen können, daß bald schon ein Wartburg-Fahrer wenige Meter entfernt eine Panne erlitt. Ersatzteile waren natürlich nicht zu beschaffen. Aufn.: R. Stremmler

Berlin-Transit und Fußgängerübergang?

Ohne Visum (noch) nicht nach Salzwedel

Bergen. Nichts war unmöglich an diesem Wochenende in den innerdeutschen Beziehungen – oder doch fast nichts: Denn entgegen anderslautenden Behauptungen ist bislang kein Westdeutscher (mit Ausnahme des Lüchower Feuerwehrmannes Schott) ohne gültiges Visum nach Salzwedel hineingelassen worden. Viele haben es versucht, sie wurden alle wieder zurückgewiesen. An anderen Grenzübergängen soll das bereits anders sein – in der Altmark und Lüchow-Dannenberg gehen die Uhren bekanntlich schon immer etwas langsamer, und so bleibt nur, abzuwarten.

Dafür wurde, natürlich inoffiziell, am Wochenende der Berlin-Transit via Salzwedel/Bergen eröffnet: Drei Zimmerleute aus Lüchow-Dannenberg hörten auf der Heimfahrt von Berlin, daß die Grenzen offen sind, bogen von der Autobahn ab nach Salzwedel – und wurden dort durchgelassen. Nicht ohne den Hinweis, daß sie das aber nicht wieder tun sollten. Ganz soweit sei man nun doch noch nicht. Überhaupt – ob Grenzpassanten aus Ost oder West, alle waren sich einig: Die Abfertigung durch die DDR-Stellen drüben war äußerst freundlich.

Normalerweise gehören Gerüchte nicht in die Zeitung, aber an diesem Wochenende haben sich so viele Gerüchte in kürzester Zeit als Tatsachen erwiesen, daß wir das jüngste Gerücht den Lesern nicht vorenthalten wollen, selbst auf die Gefahr, einer Ente aufgesessen zu sein: Angeblich hat der DDR-Rundfunk verbreitet, daß auch zu Lüchow-Dannenberg ein Grenzübergang für Fußgänger geöffnet werden soll.

Kein Gerücht hingegen ist, was sich am Sonnabend in Schmarsau abgespielt hat: Plötzlich stand ein Grenzpfahl der DDR auf dem Dorfplatz, die Leute tanzten drum herum. Was den Berlinern mit der Mauer möglich sei, wollte man ein bißchen nachvollziehen. Wie der acht Zentner schwere Pfahl dorthin gelangte, blieb im dunkeln. Besonnene Kräfte sorgten dafür, daß der ob seiner bunten Bemalung „Papageienpfahl" genannte Betonklotz wieder an seinen angestammten Platz zurückkam. Unnötige Provokationen sollten mit Blick auf eine Normalisierung der Verhältnisse an der Grenze vermieden werden. -rst-

war die Gegenleistung? Ein Vater aus dem Sperrgebiet erzählt vom Geburtstag seiner Tochter. Vier Wochen vorher habe er die zum Betreten des Sperrgebietes erforderlichen Passierscheine für die Freundinnen beantragt, drei Tage nach dem Geburtstag seien die dann eingetroffen.

Der Schlagbaum in Lübbow ist Anlaufpunkt für viele Leute aus dem jetzt offensichtlich aufgehobenen Sperrgebiet: Ein Groß Chüdener schaut rüber: Es sei überwältigend, ein sehr schönes Gefühl, daß man jetzt einfach losfahren kann.

Die Feuerwehr Lübbow verteilt Kaffee und Kuchen an die Besucher aus der DDR, eine spontane Aktion. Ebenso spontan wurden in der Nacht Leute von „drüben" im Gerätehaus einquartiert. -rst-

Die „Wendehälse" waren mit dabei

Begegnungen am Grenzbalken in Lübbow

Lübbow. „Vor einer Woche haben sie noch meinen Kumpel abgeholt und zusammengeknüppelt", weil er zum „Neuen Forum" wollte – und da kocht es dem Altmärker natürlich in der Seele, wenn er auf seiner West-Visite genau diese Vertreter der DDR-Staatsmacht jetzt mit den anderen DDR-Bürgern den Erfolg des Aufbegehrens des Volkes genießen und beim Schaufensterbummel in Lüchow sieht.

Auch die „Wendehälse" waren unter den 50 000, die via Bergen nach Lüchow-Dannenberg kamen, ob auch sie sich das Begrüßungsgeld auszahlen ließen? Der DDR-Bürger kann sich das schon denken, daß diese Statthalter der alten Regierung der DDR auf dem Lande sich bedenkenlos in die Schlange vor den Auszahlungsstellen einreihten. Da wird die Wut in so manchem wach, der enteignet wurde, gedemütigt . . .

Die Meinung zur Rolle der staatlichen Organe und ihrer Vertreter für die jahrzehntelange Unterdrückung ist geteilt. „Die haben auch immer nur ihre Pflicht getan", meint Rolf Zühlke. Durch die Entwicklung sei „so viel Druck von den Grenztruppen" genommen worden, empfindet er mit. Er kennt die Grenztruppen sehr genau. Er hat das Land jenseits der Grenze in Lübbow jahrelang gepflügt und dort gemäht, direkt am Zaun. Aber diese zwei Schritte nach drüben, die durfte er nie tun. Jetzt steht er am Grenzbalken auf Lübbower Seite, schaut rüber, spricht mit den hiesigen Zollbeamten, die er vom Sehen seit Jahren kennt. Sein Wunsch ist in Erfüllung gegangen: Einmal „unser Land" von der anderen Seite sehen. Dieser Anblick meint ein junger Mann von jenseits, sei für ihn überhaupt das Größte der Reise, nicht die Geschäfte in Lüchow.

Was die Rolle der Staatsorgane angeht, ist eine junge Frau ganz anderer Meinung: Pflicht getan oder nicht, sie als Arbeiterin habe mit niedrigem Gehalt die doch mit durchgezogen, die viel mehr als sie verdient hätten. Und was

ZUM ERSTEN MAL in seinem 40jährigen Leben durfte Rolf Zühlke am Wochenende die Ländereien von westlicher Seite betrachten, die er seit Jahren direkt jenseits des Zaunes zu pflügen und zu mähen hat. Für ihn und manche anderen Bewohner des Sperrbezirkes war der Grenzbalken in Lübbow an diesem Wochenende Anlaufpunkt. Aufn.: R. Stremmler

Staunen, aber kein Konsumrausch

Lüchows Innenstadt ganz in Altmärker Hand – Viele Geschäfte auch Sonntag geöffnet

Lüchow. „Kiek mal, Papa, ist das alles morgen noch da?“ Fast ungläubig nahm der Steppke aus der Altmark das Überangebot in den Lüchower Läden zur Kenntnis. Das Staunen war allgemein, ging von Enkel bis Großvater und ließ einen nach stundenlangem Schaufensterbummel etwas in sich gehenden Vater aus der DDR besorgt fragen, ob er dies alles seinen Kindern eigentlich zumuten dürfe. Ein bißchen Sorge vor dem Kater nach der Euphorie des erkämpften Rechts auf freies Reisen.

Sie schauten, staunten, und viele verfielen in Nachdenklichkeit angesichts der vollen Geschäfte: „Wir haben doch auch gearbeitet“, warum dann hier der Überfluß und drüben der Mangel? Die Antwort gaben sie in den Gesprächen selbst: Die falschen Leute in den entscheidenden Positionen, eine Produktion, die am Bedarf vorbeizielt, Mangel an Material, veraltete Maschinen. Die meisten DDR-Bürger, mit denen die EJZ sprach, waren sich sicher: Wenn qualifizierte Leute das Management übernehmen, lasse sich die Produktivität in der DDR um ein Vielfaches steigern. Was Fleiß und Arbeitsmoral angehe, da seien sie drüben doch Deutsche wie die hier auf der anderen Seite des Zaunes.

Von Konsumrausch keine Spur: Bewundernswert, wie stark die überwiegende Mehrzahl der Besucher der Verlockung widerstand, das Begrüßungsgeld „auf den Kopf zu hauen“. Da wurde geschaut und geprüft, überlegt und doch nicht gekauft, und selbst der jahrealte Wunsch zurückgestellt auf ein anderes Mal. Einen Radiowecker hatte er sich immer gewünscht, sagte der junge Mann. Und hat ihn doch nicht gekauft, weil er bei dieser Vielzahl des Angebots einfach nicht unterscheiden kann, was das Geld wert ist und was nicht. Gefragt sind vor allem Südfrüchte, Bananen sind auf dem Lüchower Wochenmarkt schon am frühen Sonnabend ausverkauft, die Filialen der Handelsketten sind flexibel genug, schon am Sonntag wieder Nachschub heranzuschaffen. Der Hamburger Großmarkt ist weitgehend leergefegt. Nur zweimal im Jahr für eine Woche seien die in den entlegenen Winkeln der DDR zu haben, sagt eine Frau.

Zeitschriften sind gefragt, Schnittbögen vor allem, und vieles, was hier so selbstverständlich ist, daß man nicht verstehen kann, daß an so etwas Mangel herrschen kann. „Haben Sie Rasierklingen?“ „Ja, welche?“ Der Mann aus der Altmark kann nicht glauben, daß es mehr als eine Sorte Klingen gibt. Werkzeug hätte der Hobbyhandwerker aus Salzwedel gerne gekauft, aber seine Frau hat das Begrüßungsgeld mit Beschlag belegt. Da gibt es viel notwendigere Dinge, die man damit erstehen kann. Kinderkleidung ist gefragt. Die kostet drüben, sagt die junge Mutter, etwa gleichviel wie hier, 1:1 gerechnet – aber die Qualität sei doch ganz eine andere hier!

Die Begegnung schafft Nachdenklichkeit nicht nur bei den Besuchern von drüben. Da merkt man erst einmal, wie gut es uns hier geht, läßt eine Lüchowerin in sich gekehrt nach einem Gespräch mit Nachbarn von jenseits des Zauns verlauten.

Die Mehrzahl der Geschäftsleute hat verstanden, daß es an diesem Wochenende nicht darum geht, eine schnelle Mark zu machen, sondern den Besuchern zu ermöglichen, das in Ruhe anzuschauen, worauf das Westfernsehen ihnen schon seit Jahren Appetit macht. Diese Statussymbole, man muß sie ja nicht besitzen, aber einmal in natura vor sich gehabt haben . . . Die Bergener und Clenzer sind die ersten, die reagieren. Schon am Freitag sind die Läden weit über normalen Geschäftsschluß geöffnet. Während am Sonnabend die Werbegemeinschaft Dannenberg ihre Mitglieder schon früh aktiviert, das ganze Wochenende über zu öffnen, kommt der Lüchower Einzelhandel etwas schwerfällig in die Gänge, doch dann baut er sich am Beispiel einiger Händler rasch auf: Bücher 1:1 für Ostmark verscherbelt eine Buchhandlung aus der Grabbelkiste. Sie setzen zwar zu dabei, aber der Spaß, den es bereitet, darüber ins Gespräch zu kommen, sei unbezahlbar, sagt ein Inhaber. Bei Woolworth, was den Andrang angeht für die Altmärker wohl Inbegriff westdeut-

FEST IN ALTMÄRKER HAND war die Lüchower Innenstadt während des gesamten Wochenendes. Park- und Halteverbotsschilder wurden ignoriert, dafür herrschte auch seitens der einheimischen Autofahrer im fließenden Verkehr eine Rücksichtnahme, wie man sie sich für alle Tage wünschen möchte.
Aufn.: R. Stremmler

schen Lebensstandard, hängen als erstes die Schilder im Fester, die eine Öffnung für Sonnabendnachmittag und Sonntag avisieren, dann auch der vom Filialleiter auf eigene Verantwortung eingesetzte Anschlag „Umtausch 1:10", ein Angebot, von dem die DDR-Bürger aber nur wenig Gebrauch machen: Zu diesem Wechselkurs können sie vergleichbare Ware auch zu Hause erstehen.

Langsam greift es in Lüchow um sich: Rabatte für die Besucher beim Obsthandel, im Schallplattenladen, dessen Inhaberin so manchen jungen Kunden glücklich macht, dem sie ein Poster oder ein Cover schenkt. Die jungen Altmärker staunen, wissen aber genau, was sie wollen, und bestellen bestimmte Scheiben: in 14 Tagen sind wir wieder da ... Uhren sind in einem Laden der Renner, in einem anderen Deosprays. Wo hier die linden Trabiwinde wehen, kriegen die drüben dafür Treibgas als Ozonkiller – mit Preisnachlaß.

Während in Lüchow die Innenstadt ganz in Altmarkhand ist, war die ganze Dannenberger Mühe umsonst: Nur vereinzelt verirren sich DDR-Autos in die Jeetzelstadt. Zu weit weg von der Grenzstation, da liegt Uelzen fast gleich nah. Und dort, wohin ein zumindest gleichgroßer Besucherstrom via Bergen floß wie nach Lüchow, solle es regelrechte Straßentreffen der Salzwedeler gegeben haben.

Eine Auswirkung dürfte diese Öffnung der Grenzen auf die Wirtschaft der DDR haben: Der Schwarzmarkt drüben dürfte erheblich gestört werden, wo so viel Mangelware hier erstanden wurde. Manche Schallplatte, hier für rund 20 DM erstanden, gab es drüben bislang angeblich nur für mehrere hundert Mark (Ost). -rst-

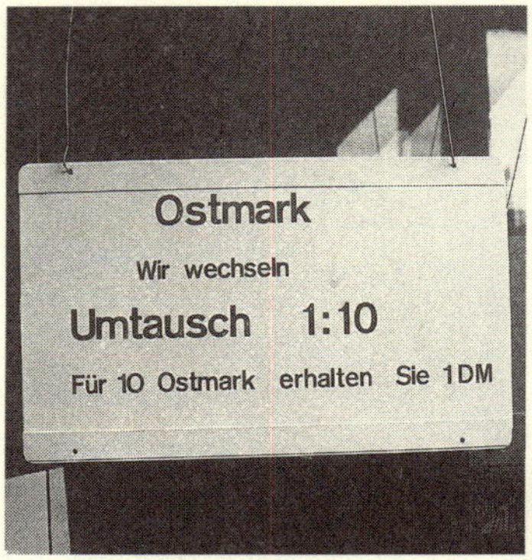

IMPRESSIONEN vom „Altmärker-Wochenende“ in Lüchow-Dannenberg: Jubel beim ersten Grenzübertritt mit Auto, Fahrrad und zu Fuß, Schlangen vor den Begrüßungsgeld-Zahlstellen (S. 25), erschöpfte Kinder, Massenansturm auf die Kaufhäuser, Grüße aus Barnebeck und eine Welle von DRK, THW und Feuerwehr organisierter, aber auch spontaner privater Unterstützung für die über 50 000 Besucher aus der DDR, die via Bergen einreisten.

Aufn.: R. Stremmler/ H.-H. Müller

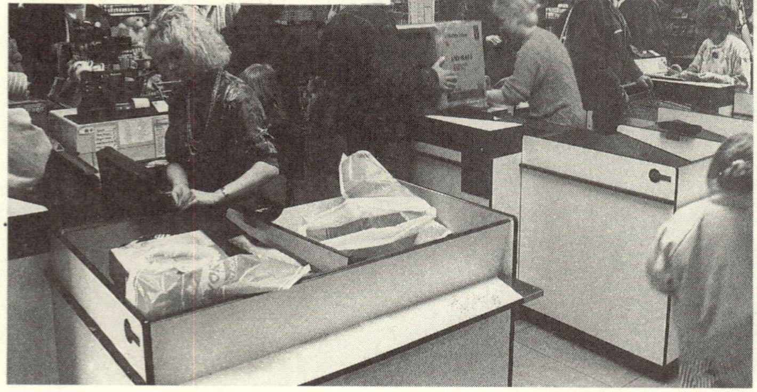

„Wider Erwarten gut gelaufen“

Behördenbilanz des ersten Reisewochenendes aus der DDR – Dank an die Helfer

Bergen. Etwas mehr als vier Millionen DM Begrüßungsgeld wurden von Freitag bis Sonntag von den Zahlstellen im gesamten Kreisgebiet ausgezahlt. So lautet die erste überschlägige Bilanz, die am Montag im Lüchower Kreishaus angestellt wurde. Die mit der Auszahlung beauftragten Mitarbeiter der diversen Verwaltungen haben weiterhin gut zu tun, denn die Reisewelle der DDR-Bürger ist zwar abgeebbt, aber nicht zum Erliegen gekommen. Bis gestern mittag wurden an der Grenzübergangsstelle Bergen rund 3 000 einreisende Besucher aus der DDR – zu 90 Prozent bereits mit gültigem Visum – gezählt. Nur gelegentlich gab es kurze Rückstaus.

Für das kommende Wochenende allerdings rechnen die Behördenleiter wieder mit einer Reisewelle, die der des vergangenen Wochenendes kaum nachstehen dürfte. Die Vorbereitungen dafür, sie besser abzuwickeln als in den vergangenen Tagen, sind bereits angelaufen.

Dabei ist, meinte Oberkreisdirektor Klaus Poggendorf gestern mit einem Rückblick auf die behördliche Abwicklung der unerwarteten Reisewelle, alles „wider Erwarten gut gelaufen – bei der Plötzlichkeit, mit der das passierte!“ Verwaltungen, Polizei, Zoll, Grenzschutz und die Helfer des THW, Rotem Kreuz und Feuerwehr seien doch vor ganz erhebliche Probleme gestellt worden.

In der Kreisverwaltung sei darauf reagiert worden, indem sofort die Einsatzleitzentrale besetzt wurde, um einerseits die Einsätze der Hilfsdienste und der Samtgemeinden zu koordinieren, andererseits um die Zusammenarbeit mit Grenzschutz, Zoll und Polizei sicherzustellen.

Auftretende Schwierigkeiten bei der Versorgung der Besucher aus der DDR mit heißen Getränken und Obst wurden vom Roten Kreuz schnell geregelt. Schwierig gestaltete sich nur der Obstnachschub. Spontan wurden einige Lkws vom Hamburger Großmarkt geordert. „Welche Kosten da auf uns zukommen, wissen wir noch nicht“, sagte der Kreisverwaltungschef.

Der Aufbau eines Netzes von Begrüßungsgeld-Kassen von Clenze über Dannenberg bis Gartow, um Bergen mit seinen Zahlstellen am Campingplatz und in der Post zu entlasten, ging einher mit der Vervielfältigung von Kartenskizzen, die den Weg in jene Orte wiesen. Der Geldnachschub sei nach einigem Hin und Her bewältigt worden. Nun hofft der Kreis, daß der Bund bald die in Vorleistung gezahlten Begrüßungsgelder erstattet.

Die Erlaubnis, am Wochenende die Geschäfte geöffnet zu halten, wurde von der Feuerwehr per Lautsprecher verbreitet. Vorsorglich wurden in der Polizeikaserne und im DRK-Kinderheim Dannenberg Quartiere bereitgestellt für diejenigen, die in der Rückreisewelle eventuell mit ihren Fahrzeugen liegenbleiben – eine Maßnahme, die sich als unnötig erwies. In einem auch vom OKD als „sehr konstruktiv“ bezeichneten Gespräch (die EJZ berichtete) klärten Behördenleiter aus Lüchow-Dannenberg mit den Leitern der Grenzübergangsstelle Salzwedel Fragen der zügigen Abwicklung des Reiseverkehrs, des Hilfs- und Pannendienstes ab.

„Jetzt geht es darum, daß die durch den Besucherstrom aufgetretenen Probleme schnell gelöst werden und man denen, die herüberkommen, wirksam hilft. Das geht nicht durch politische Absichtserklärungen, sodern auf dem eingeschlagenen Weg der Zusammenarbeit aller Behörden“, erklärte OKD Poggendorf. Die Ladeninhaber sollen rechtzeitig informiert werden, ob sie auch am

IM ABGAS der knatternden Trabikolonne hatten die Mitarbeiter von Bundesgrenzschutz und Zoll am Grenzübergang Bergen wohl mit den härtesten Job im Zuge der enormen Reisewelle zu überstehen. Nicht wenige von ihnen hielten trotz erheblicher Kopfschmerzen und abendlicher Kälte den Verkehr so rasch wie möglich in Fluß. Aufn.:R. Stremmler

kommenden Wochenende ihre Läden wieder aufhalten können.

In der Behördenrunde am Montag, zu der auch ein Vertreter des Fernmeldeamtes Uelzen erschienen war, wurde unter anderem die Aufstellung einer zusätzlichen Telefonzelle am Parkplatz gegenüber des Bergener Schützenhauses vereinbart.

Der Dank Poggendorfs gilt allen Mitarbeitern in Behörden und Hilfsorganisationen. „Es war erstaunlich, wie bereitwillig sich alle Mitarbeiter gezeigt haben, Überstunden zu leisten“, bilanzierte der OKD abschließend.

In diesen Dank stimmte auch der CDU-Landtagsabgeordnete Kurt-Dieter Grill ein. Alle Helfer hätten einen wesentlichen Beitrag dazu geleistet, daß dieses gesamtdeutsche Wochenende zu einem Erlebnis geworden ist. -rst-

Konkurrenz um neue Übergänge

Kreistagssondersitzung gefordert – Stellungnahmen von Politikern und Fraktionen

Lüchow. Die Euphorie in Lüchow-Dannenberg hinsichtlich der Entwicklung der deutsch-deutschen Beziehungen ist enorm. Während manche Besucher aus der DDR das ihnen freundlich zum Abschied zugerufene „Bis bald“ eher zurückhaltend mit einem „Hoffentlich!“ beantworteten, ist zwischen den hiesigen Grenzorten bereits ein Wettbewerb darüber entbrannt, wer als erster einen Grenzübergang erhält.

Der Schnackenburger Stadtrat hat bereits am vergangenen Freitag einen Beschluß gefaßt, an die Landesregierung heranzutreten mit dem Begehren, in Schnackenburg einen Grenzübergang zu vereinbaren. Die Schnackenburger haben dazu, wie Bürgermeister Siegfried Bischoff gestern der EJZ mitteilte, auch schon konkrete Vorstellungen: entweder soll die Fährverbindung über die Elbe wiederaufgenommen werden oder der Verkehr über die Bömenziener Königsbrücke.

Zwar liegt Schnackenburg und das Gegenüber etwas abseits der größeren Städte, doch hält der Schnackenburger Stadtrat einen eigenen Grenzübergang allein schon wegen der noch starken verwandtschaftlichen Bindungen vieler Familien dies- und jenseits der Elbe für angebracht. Das habe auch der starke Andrang von DDR-Bürgern am vergangenen Wochenende belegt. Das Schnackenburger Begehren soll, so erfuhr Bürgermeister Bischoff aus Gesprächen mit Vertretern des Niedersächsischen Ministeriums für Bundes- und Europaangelegenheiten, bereits heute in der Sitzung der Grenzkommission angesprochen werden.

Noch nicht ganz soweit sind die Neu Darchauer. Dort wird heute abend in der Ratssitzung über einen SPD-Antrag diskutiert, der auf Wiedereröffnung der alten Fährverbindung nach Darchau abzielt. Unterstützung erhoffen die Neu Darchauer von der anderen Seite der Elbe: Ihres Wissens nach hat der Gemeinderat von Haar bereits eine gleichlautende Forderung erhoben.

Dem Trabigeknatter folgt mittlerweile das parteipolitische Nachgeklapper. MdL Kurt-Dieter Grill (CDU) faßte zusammen, daß „die Euphorie der ersten Begegnung sich nun in eine dauerhafte Gestaltung mitmenschlicher Kontakte wandeln“ müsse. Die eigentliche Herausforderung der deutschen Politik liege noch vor uns. Der Alltag müsse beweisen, daß die Lösung konkreter Probleme den Weg zum Selbstbestimmungsrecht und zur Freiheit aller Deutschen weiter öffnet.

„Unsere Region gewinnt neue Kraft, wenn die Öffnung nach Osten Gestalt annimmt“, formulierte Grill, „wir sollten uns ganz besonders engagieren, damit die Überwindung der Teilung Deutschlands Realität wird.“ Die Frage sei nicht, ob die Wiedervereinigung komme, sondern wann und wie sie komme.

Als eine große Chance für die Region Lüchow-Dannenberg hat Johannes Kempmann, Grünen-MdL, die von den Menschen in der DDR „in einem revolutionären Umwälzungsprozeß erkämpften Reisemöglichkeiten“ bezeichnet. Er befürwortet neue Grenzübergänge auch für Lüchow-Dannenberg. In einer von den Grünen beantragten Sondersitzung des Flüchtlingsausschusses des Landtages hat Kempmann am Montag die Landesregierung aufgefordert, baldmöglichst Verhandlungen mit der DDR über ein neues Verkehrskonzept für die hiesige Region aufzunehmen. Dabei müßten einmal die Wiederaufnahme des Eisenbahnverkehrs von Salzwedel nach Lüchow, die Öffnung der Grenze bei Lübbow und die Einrichtung der alten Fährverbindungen von Hitzacker über die Elbe angesprochen werden. Darüber hinaus forderte Kempmann die Aufnahme eines Buspendelverkehrs von Lüchow-Dannenberg nach Berlin.

In Sachen Eisenbahnverbindung Lüchow-Salzwedel hat sich auch die Landesdelegiertenkonferenz der Grünen am Wochenende stark gemacht. Einstimmig wurde einem Antrag stattgegeben, der auf eine Transitstrecke nach Berlin über Wustrow abzielt.

Die SPD-Kreistagsfraktion hat eine „unverzügliche“ Sondersitzung des Kreistages beantragt, in der über die neue Entwicklung beraten werden soll. Klaus-Peter Dehde-Couzens sieht konkret zu beratende Themen unter anderem in der Frage der Finanzierung des Zweitbegrüßungsgeldes und in der Koordinierung der gemeindlichen Forderungen nach eigenen Übergängen. Letzteres deckt sich in etwa mit einem Antrag der Grünen-Kreistagsfraktion, die ebenfalls eine Sondersitzung fordert. Die CDU möchte die Frage der Schaffung weiterer Grenzübergänge in Lüchow-Dannenberg auf der Kreisausschußsitzung am 21. November behandelt wissen. Die UWG-Kreistagsfraktionhat mit einer Erklärung auf dieEntwicklung am Wochenendereagiert, in der es unter anderemheißt: „Für Lüchow-Dannenberghaben wir die Hoffnung, auf Dauer nicht von einer widernatürlichen und unmenschlichen Grenze, sondern von guten Nachbarnumgeben zu sein, die jederzeit ohne bürokratische Behinderungenzu uns und zu denen wir kommenkönnen.“ Die erwiesene deutschdeutsche Gemeinsamkeit läßt dieUWG erwarten, daß die hier nochstarken Bindungen zwischen denBewohnern beiderseits der willkürlichen Grenzlinie möglichstrasch wiederaufleben. -rst-

Als „offene Gemeinde" geholfen

Andacht und Bewirtung für DDR-Besucher – Dank an Kirchen

Bergen. Mitglieder der evangelischen Kirchengemeinde Bergen trafen sich zusammen mit Besuchern aus der DDR zu einer spontan angesetzten Andacht in der Paulus-Kirche zu Bergen. Lieder und biblische Texte bei dieser Zusammenkunft bezogen sich auf die jüngsten deutsch-deutschen Ereignisse, diese haben dazu geführt, daß sich die Bergener Christen als Gemeinde an der Grenze in besonderer Weise zu bewähren hat. In der grenznahen Gemeinde sind in den vergangenen Tagen nach Schätzung des Ortspastors rund 3 000 Besucher aus der DDR im Pfarrhaus versorgt und bewirtet worden.

Im Verlauf der Andacht wurde Psalm 90 ausgelegt; in jenem Text heißt es: „Und der Herr, unser Gott, sei uns freundlich und fördere das Werk unsrer Hände bei uns. Ja, das Werk unserer Hände wollest du fördern!" In den Abendstunden nach der Andacht wurden vor der Kirchentür Kerzen entzündet; dieses sollte an eine gleiche Aktion in Salzwedel erinnern, wo im Rahmen des Friedensgebetes ebenfalls Kerzen leuchteten.

Propst Hans-Jürgen Wolters aus Lüchow hat den Kirchengemeinden Bergen und Clenze für ihren bisherigen Dienst im Sinne der DDR-Besucher gedankt. In den Kirchengemeinden, so Wolters, haben sich viele Hände geregt, um die große Zahl der Gäste willkommen zu heißen und zu bewirten. Begegnungen seien möglich geworden, an die zuvor kaum jemand zu denken gewagt habe. Die Kirchengemeinde Bergen habe sich als „offene Gemeinde" gezeigt, und dort wie auch in Clenze seien die Gemeinderäume besonders am Wochenende erste Durchgangs- und Aufwärmstationen gewesen. Sich der vielen Menschen anzunehmen, das war nur möglich dank des großen Engagements sowie der Opferbereitschaft der Gemeindeglieder und des Ortspastors bzw. der Pfarrfamilie, betonte der Propst.

Der Kirchengemeinde Bergen hat Propst Wolters zugesichert, angesichts der zu erwartenden vielen DDR-Bürger sei der Kirchenkreis Lüchow bereit, „in großzügiger Weise finanzielle Hilfe zu leisten".

Für Wiederaufbau der Dömitzer Brücke

Grill und Wojahn schreiben an Kohl

Lüchow. In einem gemeinsamen Brief an Bundeskanzler Helmut Kohl haben Landtagsabgeordneter Kurt-Dieter Grill und stellvertretender Landrat Klaus Wojahn, auch Vorsitzender der CDU-Kreistagsfraktion, betont, welch große Bedeutung die jüngste deutsch-deutsche Entwicklung für Lüchow-Dannenberg hat. „Wir haben zum ersten Mal nach dem zweiten Weltkrieg eine konkrete Chance, aus einer geopolitischen Randlage in die Mitte Deutschlands zurückzukehren", heißt es in dem Schreiben.

Grill und Wojahn unterstreichen gegenüber dem Regierungschef: „Der Kreistag, insbesondere die CDU im Landkreis Lüchow-Dannenberg, hat schon immer eine Reihe von Wünschen gehabt, die in die Politik mit dem anderen Teil Deutschlands mit einbezogen werden sollten." An Kohl richten die beiden hiesigen Politiker die Bitte, die folgenden Wünsche bei zukünftigen Gesprächen mit der DDR zu berücksichtigen: O Anbindung des Landkreises Lüchow-Dannenberg und Nordostniedersachsens an die Autobahn Berlin-Hamburg (Transitstrecke nach Berlin). O Wiederaufnahme der Zugverbindung auf der DDR-Strecke Berlin–Stendal–Uelzen –Bremen. O Eröffnung von ein bis zwei Grenzübergängen zusätzlich auf dem Landwege. O Wiederaufbau der Straßenbrücke über die Elbe bei Dömitz. O Eröffnung einer Fährverbindung über die Elbe.

„Wir sind uns bewußt, daß auch in der jetzigen Situation nicht alles von heute auf morgen verwirklicht werden kann", schreiben Grill und Wojahn und fahren fort: „Wir wollen aber auch deutlich unsere Forderungen anmelden, 144 Kilometer Zonengrenze waren lange genug unüberwindlich."

Schlafplätze gesucht

Dannenberg. In ihren Trabis haben manche Besucher aus der DDR am vergangenen Wochenende übernachten müssen, weil sie keinen anderen Schlafplatz fanden. Diesem Übel sollte abgeholfen werden, betont die Dannenberger Samtgemeindeverwaltung; sie möchte Schlafplätze vermitteln und appelliert an die Bürger im Raum Dannenberg: Wer von Sonnabend auf Sonntag kostenlos ein Quartier mit Frühstück zur Verfügung stellen kann, sollte die Gästeinformation im alten Rathaus informieren; die Rufnummer lautet: (0 58 61) 8 08 43.

(EJZ 16. 11. 1989)

„Brückenschläge"

– Von Grenzen und ihrer Überwindung –

EJZ-Berichte zum 16. bis 21. November 1989

IHG Lüchow gegen Werbeaktionen an der Grenze:

Kein Buhlen um DDR-Besucher

Verkaufsoffene Wochenenden bei Bedarf bis Weihnachten

Lüchow. „Wir sind es den Besuchern aus der DDR schuldig, auch sonnabends und sonntags für sie dazusein." Das bekräftigte die Vorsitzende der Lüchower Interessengemeinschaft für Handel und Gewerbe (IHG), Ilka Schröder-Müller, am Dienstag während des Kaufmannsstammtisches im Marktkeller. Zugleich machte sie aufdringlichen Werbekampagnen an der Grenze eine klare Absage. „Wir lehnen Aktionen im Stile von Werbeverkaufsfahrten entschieden ab", unterstrich die Vorsitzende und trat dafür ein, den Menschen aus der DDR die Freiheit zu lassen, ihre Ziele im Kreis unbeeinflußt und nach ihren eigenen Vorstellungen anzusteuern.

Zugleich regte die IHG aber an, dringend notwendige Orientierungshilfen für DDR-Besucher herauszugeben. Derartige Faltblätter könnten von Kommunen als neutrale Institutionen angeboten werden. Nützlich für Reisende seien Informationen beispielsweise über Parkgelegenheiten in den Städten, über Auszahlungsstellen von Begrüßungsgeld, über Toilettenanlagen, Möglichkeiten, Kleinkinder zu versorgen, und Übernachtungsunterkünfte. Auch die Geschäftszeiten könnten auf einem derartigen Faltblatt vermerkt werden, hieß es in der Diskussion.

Überhaupt sorgten die Öffnungszeiten für genügend Gesprächsstoff. Die Geschäftsleute sehen durch die absehbaren Wochenenddienste erhebliche Belastungen auf ihr Personal zukommen. „Wir halten das nicht durch", meinte ein Kaufmann auch unter Hinweis auf Freizeitregelungen und schlug vor, wenigstens an den Adventssonntagen die Geschäfte nicht zu öffnen. Diese Anregung stieß jedoch auf Widerspruch. Man müsse auf eine erkennbare Notwendigkeit flexibel reagieren. Der Ansicht, daß sich die Besucher von „drüben" bei ihrer Fahrt in den Westen auch danach richten müssen, wann die Geschäfte geöffnet sind, wurde der Appell entgegengehalten, gerade jetzt auf eigene Interessen keine Rücksicht zu nehmen. „Seit Jahren hoffen wir auf unsere Landsleute, nun kommen sie, und nun sind wir gefordert. Wir müssen jeden Sonnabend und Sonntag bis Weihnachten öffnen, ob wir wollen oder nicht", faßte ein IHG-Mitglied die Meinung vieler seiner Kollegen zusammen.

Diese Ansicht teilte auch die Vorsitzende. Die Geschäftswelt müsse es den Besuchern aus der DDR ermöglichen, sich einen Überblick über das Angebot hier zu verschaffen und sich zu informieren. Dazu sei es notwendig, in der gegenwärtigen Situation mehr humanitär als kaufmännisch zu denken. Viele kämen nicht nur zum Kaufen, sondern auch zum Gucken über die Grenze. Ilka Schröder-Müller betonte, den Volkstrauertag, den Buß- und Bettag sowie den Totensonntag würden die Kaufleute als verkaufsoffene Feiertage gern ausklammern, allerdings würde eine derartige Maßnahme bei den Besuchern der Stadt sehr wahrscheinlich auf Unverständnis stoßen.

Angesichts der aktuellen Lage erschien es der Kaufmannsschaft als überflüssig, ausführlich die Beteiligung am Dienstleistungsabend zu erörtern. Zum gegenwärtigen Zeitpunkt wäre eine Verlängerung der Öffnungszeiten in die Abendstunden des Donnerstags für die Lüchower Geschäftswelt eine zusätzliche Belastung, hieß es. „Durch den Dienstleistungsabend gestalten wir Lüchow nicht interessanter", ist ein Kaufmann überzeugt. -ür-

DIE TRABI-KOLONNE wälzte sich auch am Mittwoch wieder durch Bergen. Mehr als doppelt so stark wie am Vortag war gestern die Reisewelle. Aufn.: R. Stremmler

Bus von Salzwedel bis Dannenberg

Am Wochenende regelmäßiger Verkehr – Kreisrat aus Salzwedel kam zu Gesprächen

Bergen. Ein Bus-Linienverkehr zwischen Salzwedel, Lüchow und Dannenberg sowie Uelzen (wer hätte davon noch vor einer Woche zu träumen gewagt!) soll an den beiden kommenden Wochenenden dazu beitragen, den Grenzübergang Bergen/Salzwedel zu entlasten und auch denjenigen Bürgern aus der Altmark den Besuch im Westen ermöglichen, die nicht über eigene Fahrzeuge verfügen. Das ist das Ergebnis eines Gespräches am gestrigen Mittwoch in Bergen zwischen Vertretern des Kreises Lüchow-Dannenberg, des Kreises Salzwedel, des VEB Kraftverkehr Salzwedel und der Regionalbus Braunschweig (früher Bahnbus).

Der vehemente kleine Grenzverkehr hat auch die Behördenebene erfaßt. Bei Bürgermeister Heinrich Hildebrandt in Bergen klopften DDR-Offizielle am Dienstag an, gestern kam das Gespräch mit den kompetenten Partnern aus Ost und West in Bergen zustande. Einzelheiten wie Fahrplan und Fahrpreis müssen noch kurzfristig geregelt werden, aber die Sache läuft! Über die Wochenenden hinaus soll auch ein normaler Busverkehr via Bergen in der Woche vereinbart werden.

Die Initiative aus Salzwedel wurde von Martin Eisenhammer, Mitglied des Rates des Kreises Salzwedel und dort zuständig für das Verkehrs- und Nachrichtenwesen, damit begründet, daß eine Regelung auf höherer Ebene noch einige Zeit in Anspruch nehmen dürfte und man sich nicht vorwerfen lassen will, „Betonköpfe" zu sein. So hatte schon der VEB Kraftverkehr in den vergangenen Tagen auf eigene Kappe entschieden, mit Bussen über die Grenze zu fahren. Seitens der hiesigen Kreisvertreter wurde die ursprüngliche Absicht, die Busse nur nach Uelzen zu leiten, auch auf eine Linie nach Dannenberg mit Halt in Bergen, Lüchow und Dannenberg erweitert.

Die bisherigen Fahrten der VEB-Busse wurden mit Hilfe der hier zuständigen Stellen problemlos abgewickelt. Ein Vertreter des Salzwedeler Verkehrsunternehmens unterstrich gegenüber der EJZ, daß durch die gute Organisation und auch mit Unterstützung der Polizei hüben und drüben durch den Busverkehr „viele Probleme im Interesse der Menschen gelöst" werden konnten. Sein Dank galt allen Verantwortlichen.

Die Durchführung des künftigen Linienverkehrs bedarf noch der Klärung einiger organisatorischer Fragen, so der Visumsangelegenheit: Schließlich verfügen die hiesigen Busfahrer wahrscheinlich nur in der Minderheit über das nach wie vor zur Einreise in die DDR erforderliche Dokument. Geplant ist auf jeden Fall, daß Busse der beiden genannten Unternehmen am Liniendienst teilhaben. Einzelheiten wie Fahrpreis (seitens der Regionalbus ist an einen Sondertarif gedacht) und Abfahrtzeiten werden rechtzeitig bekanntgegeben.

Uelzen steht nicht zuletzt wegen der Anbindung an die Bahn auf dem Fahrplan. Auch in Dannenberg soll der Ostbahnhof bedient werden.

Inwieweit sich die Aufnahme des deutsch-deutschen Busverkehrs auf die erhoffte Öffnung weiterer Grenzübergänge auswirkt, bleibt offen. Es kursieren zwar viele Gerüchte darüber, doch konkrete Auskünfte waren bislang nicht zu erhalten, ob und wann sich weitere Löcher im Zaun auftun. Die Euphorie in den Gemeinden ist weiterhin ungebrochen. So hat die Dannenberger CDU-Stadtratsfraktion jetzt für die nächste Ratssitzung eine Resolution entworfen, in der die Wiederherstellung der Bundesstraße 191 über die Elbe gewünscht wird. Zugleich möchte die CDU im Rat ein Votum für eine Partnerschaft mit Dömitz erwirken. Von Dömitzer Offiziellen – auch dort wurden schon auf unterer Ebene Kontakte geknüpft – erfuhr Hermann Predöhl: „Die Dömitzer warten darauf, daß wir einen Antrag stellen." Der Dannenberger Bürgermeister verwies darauf, daß der Fähranleger in Kaltenhof für die sofortige Aufnahme eines Fährverkehrs geeignet ist.

Auch der Verwaltungsausschuß der Stadt Hitzacker ist bestrebt, direkte Kontakte zu den Gemeinden jenseits der Elbe aufzunehmen. Er plädiert für die Wiederaufnahme des Fährverkehrs im Zuge der Landesstraße 230. Bürgermeister Zühlke würde es im übrigen begrüßen, wenn die Interessenverbände in Lüchow-Dannenberg zum Wochenende Rundfahrten durch den Landkreis für die Besucher der DDR arrangierten.

Der „kleine Grenzverkehr" zwischen Vertretern der Grenzübergangsstellen Salzwedel und Bergen einschließlich Vertretern der hiesigen Kreisverwaltung und Polizei wurde am Mittwochmorgen mit einem Gespräch auf der Grenzlinie fortgesetzt. In der halbstündigen Erörterung im Stehen ging es vorwiegend um organisatorische Fragen hinsichtlich Unfallhilfe und ähnlichem.

Eindeutig hieß es dabei von den Vertretern aus Salzwedel, wie Ordnungsamtsleiter Alfred Braband der EJZ berichtete, daß für Reisen in die DDR von Bundesbürgern weiterhin ein Visum erforderlich ist, und daß auch Visumsbesitzer die Grenze noch nicht zu Fuß oder mit dem Fahrrad überqueren dürfen. Änderungen gibt es hinsichtlich der „Einfuhr" von Tieren: Haustiere wie Hunde und Katzen dürfen – vorausgesetzt, daß ein amtsärztliches Attest vorliegt – , mit hinüber genommen werden. Das gilt nicht für Nutztiere. Frei ist jetzt auch die Mitnahme von Zeitungen (mit wenigen Ausnahmen) für den persönlichen Bedarf in der DDR.

Von westlicher Seite wurden die DDR-Repräsentanten auf bestimmte Verkehrsregeln hingewiesen, so darauf, daß auf motorisierten Zweirädern hier (anders als in der DDR) auch der Beifahrer einen Helm tragen muß.

Am Rande der offiziellen Gespräche hat sich noch mancher andere Kontakt ergeben, zum Beispiel haben Zahnärzte aus Lüchow-Dannenberg angeboten, die Salzwedeler Berufskollegen in der zahnärztlichen Ambulanz zu unterstützen. Ein Zahnarzt aus Salzwedel ist zu diesbezüglichen Gesprächen im Landkreis gewesen. -rst-

Neuer Grenzübergang bei Schmarsau

NVA-Soldaten entfernten Metallgitterzaun – Sonnabend früh fallen die Schranken

Schmarsau. Seit gestern mittag ist es perfekt: Dreieinhalb Kilometer ostwärts Schmarsau wird ein neuer Grenzübergang entstehen. Unmittelbar nach dem ersten Kontakt zwischen westdeutschen Behördenvertretern und Offizieren der Nationalen Volksarmee der DDR öffneten Grenzsoldaten den Metallgitterzaun, steckten mit Holzpfählen die künftige Trasse in den Westen ab. Am Abend beseitigten Pioniere des Bundesgrenzschutzes Bäume und Sträucher, die der Straße auf westlicher Seite im Wege stehen. Bereits am morgigen Sonnabend soll der grenzüberschreitende Verkehr ab 6 Uhr über diesen zweiten übergang im Kreisgebiet rollen.

Bis in die späten Abendstunden herrschte gestern in dem Grenzabschnitt emsige Betriebsamkeit. Im Scheinwerferlicht wurden die Arbeiten soweit vorangetrieben, daß heute vormittag die Verrohrung des Grenzgrabens vorgenommen werden kann. Damit sind dann die Voraussetzungen geschaffen, die einst unterbrochenen Teile der Landesstraße 260 in beiden deutschen Staaten durch eine neue Asphaltdecke zu verbinden.

Die sich nun abzeichnende Öffnung diese Grenzüberganges trat wie so viele Ereignisse in den vergangenen Tagen überraschend ein. Gegen 12 Uhr sprachen NVA-Aufklärer eine routinemäßig im Schmarsauer Grenzabschnitt befindliche BGS-Streife an und baten um ein Kontaktgespräch mit dem Kommandeur der hier zuständigen Grenzschutzabteilung Uelzen. Polizeioberrat Schedler traf knapp 30 Minuten später an der Grenze zwischen Schmarsau und Schrampe mit dem Hubschrauber ein.

Gemeinsam mit Ordnungsamtsleiter Alfred Braband von der Kreisverwaltung und dem Lüchower Zollkommissar Reinstein sprach der BGS-Offizier auf einer nahegelegenen Brücke mit Oberst Meckat, dem Kommandeur des Grenzkreiskommandos Salzwedel. Er informierte seine westdeutschen Gesprächspartner über die Absicht der DDR, den von der Bundesrepublik gewünschten Grenzübergang einzurichten und bat um Zustimmung für die Verrohrung des Grenzgrabens. Oberst Meckat erklärte, der künftige Übergang solle wie der in Bergen/D. dem normalen Grenzverkehr zur Verfügung stehen. Als Transitstrecke nach Berlin ist die Landesstraße 260 ebenso wie die B 71 über Bergen nicht vorgesehen.

Nach dieser Information wird die neue Verbindung also sowohl Reisenden aus der DDR als auch Bürgern der Bundesrepublik zur Verfügung stehen, die im Rahmen des Kleinen Grenzverkehrs die Kontrollstelle passieren oder eine Besuchsreise in die DDR unternehmen wollen. Oberrat Schedler wies gegenüber der EJZ darauf hin, daß Bundesbürger zur Einreise in die DDR nach wie vor ein Visum benötigen.

Am frühen Nachmittag fielen die Grenzbefestigungen. Mit Hilfe eines Kranes wurden gegen 14.30 Uhr vier Felder des Metallgitterzaunes entfernt. Olivgrüne Lastwagen kippten Sand in den Kfz-Sperrgraben, ein Bagger und eine Planierraupe halfen beim Einebnen. Betonplatten wurden herantransportiert, und der schwarz-rot-goldene Grenzpfahl der DDR mußte der neuen Trasse weichen. Am Haken eines Krans wurde er um wenige Meter versetzt.

Gegen 16 Uhr kam es zu einem erneuten deutsch-deutschen Kontaktgespräch, bei dem technische Fragen der Bauabwicklung geklärt wurden. Spontan stellten Vertreter des Lüchow-Dannenberger Straßenverkehrsamtes der Polizei Überlegungen an, wie der Verkehr über die nur drei Meter breite Fahrbahn nach Schmarsau gefahrlos abgewickelt werden kann. Die Trasse ist zwar breit genug, doch steht gegenwärtig nur eine befestigte Fahrspur zur Verfügung. Sicher ist, daß dieser Übergang die Kontrollstelle in Bergen spürbar entlasten wird,

EIN WEITERES LOCH IM ZAUN: Ostwärts von Schmarsau öffneten Soldaten der DDR-Grenztruppen gestern nachmittag den Metallgitterzaun (s. Seite 35) und steckten die Trasse für einen zweiten Grenzübergang nach Lüchow-Dannenberg ab. Dem im Wege stehenden Grenzpfahl gaben die Uniformierten einen neuen Standort neben der künftigen Straße. Aufn.: H.-H. Müller

die gestern insgesamt 12 720 DDR-Reisende in Richtung Westen passierten. Das waren etwa genausoviele wie am Mittwoch.

Mit der Öffnung des Grenzüberganges bei Schmarsau erfüllt sich ein in Lüchow-Dannenberg geäußerter Wunsch schneller als erwartet. Am Dienstag hatte Oberkreisdirekor Poggendorf in einem Brief an Ministerpräsident Albrecht die Bitte gerichtet, durch Verhandlungen mit der DDR kurzfristig an dieser Stelle einen Übergang einzurichten. Die baulichen Voraussetzungen dafür könnten in wenigen Stunden geschaffen werden. Das dürfte auch der Grund sein, warum Schmarsau den Vorzug vor Lübbow erhalten hat. Dort müßte nämlich erst eine neue Brücke gebaut werden. -ür-

Ab heute freie Fahrt über den Grenzübergang bei Schmarsau

Nächtliche Bauarbeiten bis zum Morgen – Frostige Atmosphäre

Schmarsau. In einer deutsch-deutschen Gemeinschaftsaktion ist in der Nacht zum Freitag der neue Grenzübergang ostwärts Schmarsau fertiggestellt worden. Bis gegen 3 Uhr dauerten die Arbeiten, seitdem verbindet an dieser Stelle wieder eine feste Fahrbahn beide Teile Deutschlands. Dennoch versperrten gestern rot-weiße Schranken die Durchfahrt. Wie von der DDR angekündigt, soll es hier erst ab heute 6 Uhr „freie Fahrt" heißen. Zur Eröffnung des Übergangs und Begrüßung der ersten Reisenden werden Landrat Werner Meiner und Oberkreisdirektor Klaus Poggendorf die Kontrollstelle besuchen.

Die Hinweisschilder im Zuge der Landesstraße Lübbow–Schmarsau, die die Richtung nach Arendsee anzeigen, haben nun wieder mehr als nur symbolische Bedeutung. Bereits gestern nachmittag näherte sich über Schmarsau eine Familie aus der DDR in ihrem Trabant dem Übergang. Sie wollte sich direkt vor Ort darüber informieren, ob sie die Grenze an dieser Stelle im Zuge ihrer Rückreise am Sonnabend passieren kann.

Von der Ankündigung seitens der DDR am Donnerstagnachmittag, zwischen Schrampe und Schmarsau die Grenze öffnen zu wollen, bis zur Fertigstellung der Straße wurde nahezu ohne Unterbrechung gearbeitet. Lediglich gegen 21 Uhr zogen sich die DDR-Grenztruppen bis hinter den Metallgitterzaun zurück. Grund der Zwangspause: Es waren nicht genügend Zementrohre, die im Grenzgraben verlegt werden mußten, vorhanden. Das fehlende Material mußte erst beschafft werden.

Von beiden Seiten des Grabens wurden die Rohre unter Einsatz von Baggern verlegt. Dabei erwies es sich als vorteilhaft, daß hiesige Behörden auf die gegenwärtig in Schmarsau befindlichen schweren Maschinen der Firma Vorwerk zurückgreifen konnten, die im Dorf die zentrale Wasserleitung verlegt. Günter Schmidtke, Leiter der Straßenmeisterei in Dannenberg, schickte mehrere Lkw-Ladungen Sand und Arbeitskräfte an die Grenze. Gegen 3 Uhr hatten seine Mitarbeiter die von der NVA bis an die Grenze verlegten Betonplatten und die dort endende Straße auf Bundesgebiet mit einer Asphaltdecke verbunden.

Trotz der engen Zusammenarbeit während des Baus des Überganges konnte von einer freundlichen Atmosphäre nicht die Rede sein. In dieser kalten Nacht mit Temperaturen unter dem Gefrierpunkt blieb es bei kurzen Kontakten zwischen Bundesgrenzschutz und DDR-Grenztruppen. Die Reaktion des Kommandeurs des Grenzkreiskommandos Salzwedel auf einen Übertritt eines Mitarbeiters der Firma Vorwerk, der an der ostwärtigen Grabenböschung mit dem Bauleiter Details besprechen wollte, zeigte, daß ein großzügiger Umgang miteinander an der Grenze überall längst noch nicht Normalität ist. „Oberrat Schedler, sorgen Sie dafür, daß Ihre Leute das Gebiet der DDR unverzüglich verlassen", forderte der Oberst den BGS-Kommandeur aus Uelzen in scharfem Ton auf.

Leuchtpfähle markieren seit gestern nachmittag den Seitenstreifen der Landesstraße 260 von der Grenze nach Schmarsau, Mitarbeiter der Post verlegten ein Telefonkabel. Dennoch wird vieles an diesem über Nacht geschaffenen Grenzübergang zunächst ein Provisorium bleiben. Die Bürocontainer, in denen Zoll und Grenzschutz ihre Kontrollstelle einrichten wollten, werden erst im Laufe der nächsten Woche geliefert. Sie werden von der Oberfinanzdirektion in Hannover angemietet, die auch mit dem Eigentümer des Grundstückes den Nutzungsvertrag abschließt.

Vorerst werden sich die Beamten beider Behörden jedoch mit einem Kommandowagen des Grenzschutzes begnügen müssen. Die Aufstellung von sanitären Anlagen war gestern nachmittag noch ein offenes Problem.

Als Beobachter der Szene sahen sich Bürger aus Schmarsau und andere Schaulustige sowohl am Donnerstag als auch gestern in der Rolle von Zaungästen. Der Bundesgrenzschutz unterband unter Hinweis auf die noch nicht abgeschlossenen Arbeiten und den engen Raum im Grenzbereich den Zugang und errichtete in einer Entfernung von 150 m eine Sperre. Auch heute sollten Personen, die den DDR-Reisenden am neuen Übergang einen freundlichen Empfang bereiten möchten, auf ihren Pkw verzichten. -ür-

GESTERN NOCH gesperrt, aber heute ab 6 Uhr wird hier der Reiseverkehr fließen: der neue Grenzübergang bei Schmarsau. Er kann von Reisenden aus beiden Teilen Deutschlands genutzt werden. Die Trasse war am frühen Freitagmorgen fertiggestellt. Beim Verrohren des Grenzgrabens half auch der Bagger einer Lüchower Baufirma.
2 Aufn.: H.-H. Müller

Hier heißt auch hier drüben . . .

Deutsch-deutsche Sprachverwirrung – Ein anderes Wort für „die“

Lüchow. Da stehen sie am Schlagbaum in Lübbow, Deutsche aus West und Ost, schauen über den Zaun und reden miteinander. Wie es denn drüben so sei, wollen die Deutschen aus West wissen, und ihre Gsprächspartner aus der Altmark wundern sich, daß man das von ihnen wissen will. Drüben, daß ist für die doch hier . . . Und wie das hier, nämlich drüben ist, das müßten die doch selbst am besten wissen, die hier drüben wohnen.

Da hat man sich drüben jahrzehntelang daran gewöhnt, daß der Westen drüben ist, drüben als Synonym für Westdeutschland. Und da meinen die hier die DDR, wenn sie von drüben reden! Nach 40 Jahren Trennung durch die Grenze gibt es die Notwendigkeit einer sprachlichen Wiedervereinigung, nicht nur was die neue Definition des „drüben“ angeht. Auch wenn man übereinander redet, zum Beispiel.

Wer auf seine Worte achtet, wird feststellen, daß es noch keinen Begriff gibt, um „die“ zu fassen, die da seit Freitag in großer Zahl zu Besuch kommen. Steht man beieinander, redet man (West) über „die“ (Ost). „Die“ als undefinierter Massenbegriff, Ausdruck sprachlicher Hilflosigkeit; der Volksmund überrascht davon, plötzlich ein eingängiges, nettes Wort für „die“ zu finden, die bislang so nah und doch so weit entfernt waren, daß es dafür keine Notwendigkeit, weil kaum Begegnungen gab.

„Bürger der DDR“ ist für die Umgangssprache ein bißchen holprig, das Bild von den „Brüdern und Schwestern“ paßt eher in politische Sonntagsreden, über „Zonis“ oder „Ostis“ spricht man allenfalls am Stammtisch (wie wir wohl für „die“ lange die „Westis“ waren oder noch sind). Aber wenn sie nun neben einem stehen . . . „Gäste“ steht in einer Fremdenverkehrsregion für Urlauber, das paßt nicht, „Nachbarn“ ist auch schon anders belegt und nicht unbedingt treffend, da ja „die“ zum Teil von weit her kommen.

Die Frage an sich selbst und sein Sprachgefühl weitergeleitet an eine Frau aus der Altmark: „Was sind sie eigentlich, wie soll man sie – allgemein – bezeichen?“ Kurzes Überlegen – „Besucher aus der DDR“.

So recht gefallen mag das auch nicht, trifft nicht die Herzlichkeit, mit der man ihnen zuwinkt und mit ihnen redet. Doch wenn man dann von ihnen spricht, dann von „denen“ und es sind „die“, und das klingt wohl doch ein bißchen

AN DER KÖNIGSBRÜCKE zwischen Kapern und Bömenzien herrschte bis gestern mittag noch die jahrzehntelang gewohnte Ruhe. Es kursierten allerdings Gerüchte, daß im Hinterland in der DDR auch schon mit Straßenbauarbeiten begonnen worden sei zur Eröffnung eines Grenzüberganges an dieser Stelle, der von Schnackenburg und Gartow sehr gewünscht wird. Aufn.:R.Stremmler

abwertend. Besonders wenn „die" danebenstehen und es mitbekommen. Nicht so gemeint, aber wie anders in Worte zu fassen? Anregungen sind herzlich willkommen.

„Die" dürften in ähnlicher Weise gleiche Schwierigkeiten haben zum normalen Umgang mit uns. Wer als „Westi" das Gefühl der Beklemmtheit kennt, wenn er auf Besuch drüben war, sich nicht recht traute, jemanden anzusprechen (jener oder man selbst könnte ja Schwierigkeiten bekommen), kann vielleicht nachvollziehen, daß „die" ähnliche Probleme hier haben.

Bei aller Herzlichkeit in der Begrüßung (oder gerade wegen dieses Überschwangs) ist doch bei manchem DDR-Bürger eine gewisse Hemmnis zu spüren, frei auf den Westler zuzugehen. Einladungen annehmen zum Übernachten? Blamiert man sich nicht mit „falschen" Umgangsformen? Da wird dann lieber im Auto übernachtet als bei irgendwelchen Zufallsbekanntschaften. Diese Ebene des privaten deutsch-deutschen Verhältnisses bedarf wohl noch einiger Besuche und Gegenbesuche, bis in dieser vielleicht wichtigsten aller Beziehungen so etwas wie Normalität erreicht ist. -rst-

Neun Vorschläge für Grenzübergänge

Landkreis schrieb an Staatskanzlei

Lüchow. Neun Vorschläge, wo in Lüchow-Dannenberg Grenzübergänge zur DDR geschaffen werden können, hat die Kreisverwaltung an die Staatskanzlei in Hannover übermittelt.

Das Schreiben ist inzwischen insofern allerdings schon überholt, als der darin aufgeführte Grenzübergang bei Schmarsau mittlerweile hergestellt ist und sich gestern auch die Wiederaufnahme des Fährverkehrs bei Hitzacker abzeichnete.

An oberster Stelle der Vorschlagsliste aus Lüchow-Dannenberg steht die Wiederherstellung der Elbbrücke bei Dömitz im Zuge der B 191, außerdem werden Straßenübergänge bei Lübbow und Bömenzien vorgeschlagen. Wagenfähren bieten sich nach Auffassung der Kreisverwaltung bei Schnackenburg, Neu Darchau, Hitzacker, Gorleben und Pevestorf an.

„Der Landkreis legt großen Wert darauf, daß umgehend Verhandlungen mit der DDR zur Anbindung der hiesigen Region an die Autobahnen in der DDR nach Berlin und zu den Ostseehäfen und -bädern über die Dömitzer Elbbrücke aufgenommen werden", heißt es in dem Schreiben. Es wird auf die dadurch zu erreichende Anbindung an Fähren nach Gedser und Trelleborg und weitere Transitmöglichkeiten nach Skandinavien verwiesen.

Am Grenzübergang über die Dömitzer Brücke, meint man im Lüchower Kreishaus, dürfte auch die DDR überaus interessiert sein.

Auch Lenzen hofft auf Fährverbindung

Gartow. Wenn alle Voraussetzungen erfüllt sind, schließen die dafür zuständigen Behörden der DDR die Wiederinbetriebnahme der Lenzer Fähre nicht aus.

Das teilte am Freitag in einem Telefonat der Bürgermeister der Stadt Lenzen, Voss, seinem „Amtskollegen" Gunter Hingst, Bürgermeister der Gemeinde Höhbeck, und Klaus Legner, Bürgermeister der Samtgemeinde Gartow, mit. Voss bezeichnete das Gespräch als historischen Augenblick. Hingst und Legner hatten in Lenzen angerufen.

Einer Fährstelle bei Lenzen stünden er und die Bevölkerung des Elbestädtchens, die ihn deswegen schon bedränge, äußerst positiv gegenüber. Noch für dieses Jahr kündigte Voss seinen Besuch in Gartow und auf dem Höhbeck an. -ab-

Ab heute Elbfähre Hitzacker-DDR?

Am hiesigen Ufer alles vorbereitet

Hitzacker. Startet schon heute früh eine Personenfähre von Hitzacker nach Bitter/DDR und zurück? Viele Anzeichen sprechen dafür; zumindest auf bundesdeutscher Seite ist alles dafür vorbereitet, daß der Verkehr über die Elbe binnen weniger Minuten aufgenommen werden kann.

Im Hitzackeraner Rathaus fanden gestern vormittag Gespräche zwischen Vertretern des niedersächsischen Verkehrsministeriums und hiesiger Behörden statt, um der Fähre den Weg zu ebnen. Über die diesbezüglichen Schritte der DDR war bis Redaktionsschluß nichts zu erfahren.

Schiffer Hans-Heinrich Breese hat bereits das „Fährregal" in der Tasche: einen Vertrag mit dem Bundesverkehrsministerium, der dem Hitzackeraner das Recht gewährt, die Fähre zwischen hiesigem und jenseitigem Ufer zu betreiben. Nur zehn Minuten dauere es, so Breese, dann könne sein Schiff „MS Drawehn" in Richtung DDR starten. Etwa eine halbe Stunde wird das Übersetzen dauern; an Bord können bis zu 300 Menschen genommen werden angesichts des derzeitigen niedrigen Wasserstandes will der Fährmann jedoch die Auslastung auf 200 Personen beschränken.

Auch Hans-Heinrich Breeses Großvater war Schiffer; er steuerte am 23. April 1945 ein letztes Mal die Fähre zwischen beiden Ufern, ehe die Verbindung eingestellt wurde. Nun scheint die Wiederaufnahme der Wasserstrecke vor der Tür zu stehen: Die Landesstraßenverwaltung hat bereits eine Fähr-Rampe auf Hitzackeraner Seite fertiggestellt, und auch am DDR-Ufer habe man Aktivitäten beobachtet, wußten Hitzackeraner gestern zu berichten. -jg-

Herzliche Begrüßungsszenen am neuen Grenzübergang Schmarsau

Der Zaun hat seine Wirkung verloren

Die ersten Besucher kamen mit dem Rad und zu Fuß – Ein bewegender Augenblick

Schmarsau. Fußgänger und Radfahrer waren die ersten, dann folgten Trabants, Wartburgs, Skodas und Ladas in großer Zahl. Pünktlich um 6 Uhr fielen am Sonnabend dreieinhalb Kilometer ostwärts Schmarsau die Schranken, knallten Sektkorken, herrschte Hochstimmung und flossen Freudentränen: Die Grenze ist offen! Unablässig rollten Pkw und Motorräder aus der DDR von einer Republik in die andere, unmittelbar nach der Beseitigung der letzten Hindernisse schoben sie sich im Schrittempo Stoßstange an Stoßstange vorbei an Grenzschutz- und Zollbeamten und vorbei an winkenden Lemgowern über diesen neuen Übergang westwärts. Bis zum Abend zählten die Behörden an diesem ersten Tag 3 800 Fahrzeuge und 11 572 Bürger der DDR, die ihre Freiheit mit einem Ausflug nach Lüchow-Dannenberg genießen wollten.

Die historische Stunde zu erleben, das war über 400 Bürgern aus Schmarsau und den Lemgow-Dörfern ein frühes Aufstehen wert. Bei eisigen Temperaturen bereiten sie den Besuchern einen überaus warmherzigen Empfang. „Herzlich willkommen im Lemgow" heißt es auf einem Transparent, unter dem die Trabis wie unter einem Triumphbogen unterdurchtuckern. Aus den Autos strecken sich winkende Hände dem Spalier entgegen, die spontan mit Apfelsinen, Bananen, Schokolade und Kuscheltieren für die Kinder gefüllt werden. Die Welle der Begeisterung vereinigt Deutsche mit Deutschen.

Dagegen ist wenige Minuten zuvor die offizielle Eröffnung des neuen Grenzüberganges in nüchterner Atmosphäre wie ein sachlich auszuführender Verwaltungsakt vorgenommen worden. In Begleitung von NVA-Offizieren erscheinen die Vorsitzende des Rates des Kreises Osterburg, Frau Piantkowski, und Ratsmitglied Kraft am Schlagbaum, wo Landrat Werner Meiner, Oberkreisdirektor Poggendorf sowie Vertreter der Samtgemeinde Lüchow und der Gemeinde Lemgow auf sie warten. Frau Piantkowski äußert sich erfreut über die Grenzöffnung, spricht von „diesen beiden Staaten" und hofft auf geordnete Verhältnisse und einen störungsfreien Verlauf des gegenseitigen Reiseverkehrs.

Landrat Werner Meiner erwidert, man habe hier viele Jahre auf die Öffnung der Grenze gewartet, um so größer sei jetzt die Freude über die Entwicklung. Gerade in dieser Region seien viele Familien mit Bürgern der DDR verwandtschaftlich verbunden. Mit dem Wunsch, gute Nachbarschaft zu pflegen, überreichte der Landrat seiner Kollegin von „drüben" einen Blumenstrauß. Ratsmitglied Kraft hat plötzlich eine Flasche Cognac im Arm, und OKD Poggendorf bringt den Zinnteller des Kreises an die Frau. Die Samtgemeinde macht mit einem Bildband auf sich aufmerksam.

Dann die Stimme aus dem Hintergrund: Oberst Meckat, Kommandeur des Grenzkreiskommandos Salzwedel, hofft, daß am Übergang stets Ruhe und Ordnung herrschen und daß die Grenzpfähle künftig stehenbleiben. Er dankt den bundesdeutschen Behörden, die an der Vorbereitung zum Bau des Überganges sowie bei der Durchführung der Arbeiten beteiligt waren. Hiesigen Behördenvertretern fällt auf, daß er das Bundesinnenministerium erwähnt und nicht – wie sonst von DDR-Vertretern üblich – das Außenministerium. Er lächelt sogar, der sonst eher abweisende Oberst, doch an dem grenzübergreifenden Händeschütteln möchte er sich nicht beteiligen. „Ich bin im Dienst", gibt er denen zu verstehen, die auf ihn zugehen, ein Gruß durch Anlegen der rechten Hand an die Kopfbedeckung muß in diesem denkwürdigen Augenblick genügen.

Dann rollt der Verkehr: Ein Radfahrer ist der erste und trägt sich mit kalten Fingern und ver-

DER TRABI der Familie Osterwald aus Arendsee war kurz nach 6 Uhr am Sonnabend das erste Fahrzeug, das am neuen Übergang eine unendlich erscheinende Schlange von Pkw anführte. Immer wieder mußten Zoll- und BGS-Beamte den Autos eine Gasse durch die begeisternden Zuschauer, die zur Begrüßung der Gäste gekommen waren, bahnen. Dank der vom THW aufgestellten Flutlichtanlage war die Kontrollstelle taghell erleuchtet.

mutlich deshalb mit unleserlichem Schriftzug ins Gästebuch des Grenzschutzeinzeldienstes ein. Zu Fuß läuft Elke Wehrmann mit ihrer Tochter Susanne über die Grenze, geht sofort in der Menge der Wartenden unter. „Nur mal gucken", sagt sie und schlürft einen heißen Glühwein. Mit Lichthupe naht der erste Trabant und mit ihm Gudrun und Egbert Osterwald mit zwei Kindern aus Arendsee. Zwei Tage zuvor hatten sie von der bevorstehenden Öffnung des Zaunes gehört, am Freitag bestätigte die Zeitung, was sich wie ein Lauffeuer herumgesprochen hatte. Etwa 45 Minuten haben sie auf der anderen Seite auf „grünes Licht" gewartet, und nun wissen sie noch nicht, welches Ziel sie ansteuern werden. Die Osterwalds wollen „erst einmal gucken" und am Nachmittag zurück, natürlich über Schmarsau nach Arendsee.

Wie ihnen geht es vielen, die aus Stendal, Wittenberge, Osterburg, den nahe gelegenen Dörfern in der Altmark, aber auch aus entfernteren Regionen und sogar aus Leipzig über Schmarsau irgendwo hinfahren wollen, wo es etwas zum Sehen gibt. Einige wenige befinden sich in dieser frühen Stunde tatsächlich nur auf der Durchreise. Eine Familie will zu Verwandten nach Bremervörde, ein anderes Ehepaar nach Hamburg, wo der Bruder Geburtstag feiert.

Gefeiert wird auch an der Grenze, und da sind Einfälle, wie der, daß der Reiseverkehr von hier ja auch in die andere Richtung läuft, fast vom Zufall abhängig. Andreas Sandmeyer, Mitglied des Gemeinderates, hat diese Idee, und weil er sein Visum in der Tasche hat, geht er einfach los, „um auszuprobieren, ob man auch zu Fuß rübergehen kann". Drüben an der Kontrollstelle wird er freundlich empfangen, tauscht die üblichen 25 DM in 25 Mark Ost ein und braucht nicht einmal eine Zollerklärung auszufüllen. Ein 30minütiger Fußmarsch führt ihn bis nach Schrampe, dem ersten Dorf hinter dem Zaun, wo er einen Polizisten bittet, ihm beim Kauf von Flaschenbier behilflich zu sein. Der staunt, aber handelt auch und bringt den Besucher zu einem Landwirt, der zwar noch im Stall arbeitet, aber selbstverständlich bereit ist, den Wunsch nach Flüssigem zu erfüllen. Weil seine Vorräte jedoch nicht ausreichen, wird die Frau aus dem Konsum herausgeklingelt. „Die hat mir meine Tasche dann kostenlos vollgesteckt", erzählt Sandmeyer nach seiner Rückkehr seinen Freunden, die mit ihm anstoßen. Zu Fuß oder mit dem Fahrrad von West nach Ost, hier ist es im Gegensatz zum Grenzübergang Bergen möglich.

Zu denen, die der Kälte trotzen, um die Wiedervereinigung der zwischenmenschlichen Beziehungen mitzuerleben, gehört auch Lemgows Bürgermeister Werner Beyer. Als Schmarsauer kann er sich natürlich an die Zeit erinnern, „als die Grenze das Land noch nicht teilte und wir mitten in Deutschland wohnten". Für die Bewohner des Lemgow, sagt er, die täglich die Grenze vor Augen haben, war die Teilung unheimlich hart. Nun sei es ein kaum zu beschreibendes Gefühl, dabeisein zu können und mitzuerleben, wie diese Grenze wieder durchlässig wird. „Für uns alle ist das ein bewegender Augenblick", beschreibt der Bürgermeister die Gefühle der Menschen treffend. Die Begrüßungsszenen an der Stelle, wo der Zaun seine Wirkung verloren hat, haben das am Sonnabend deutlich gemacht. -ür-

HERZLICH WILLKOMMEN signalisierten die Lemgower den Reisenden, die am frühen Sonnabendmorgen unmittelbar nach Öffnung des neuen Grenzüberganges aus der DDR in den Kreis kamen. Bis in die Mittagsstunden schien die Reihe der Fahrzeuge kein Ende nehmen zu wollen. Der Rückstau reichte bis Schrampe zurück, berichteten die Besucher. 3 Aufn.: H.-H. Müller

ALS ROSENKAVALIER präsentierte sich dieser Glücksbringer. Schornsteinfeger Josef Kwoll aus Gartow ließ in Schmarsau Blumen sprechen und wünschte den Einreisenden gute Fahrt.

Stadtbummel ohne Gedränge

DDR-Bürger von Dannenberg angetan – Kaffeestube gut besucht

Dannenberg. Erfreut konnte Ernst Bader, Vorsitzender der Dannenberger Werbegemeinschaft, gestern abend berichten: Die Besucher aus der DDR waren von der Stadt Dannenberg sehr angetan. Besonders begrüßt worden sei es von den Gästen, daß sie in der Jeetzelstadt ohne Gedränge einen Bummel unternehmen konnten.

In Gesprächen mit DDR-Bürgern, so Bader, habe er immer wieder gehört, daß es die Gäste nicht bereut haben, Dannenberg zum Ziel zu wählen; viele versprachen: „Wir kommen gern wieder!" Zwischen dem Grenzübergang in Schmarsau und Dannenberg hatte die Werbegemeinschaft, wie berichtet, einen Bustransfer organisiert. Gestern nachmittag wandte sich die Kreisverwaltung an die Kaufleute mit der Bitte, einen zusätzlichen Bus nach Schmarsau zu schicken, weil dort etwa 50 DDR-Bürger zusammengekommen waren, die nicht wußten, wie sie innerhalb des Kreisgebietes weiterkommen sollten. Als der Bus in Schmarsau eintraf, waren von den erwarteten 50 nur noch sechs DDR-Bürger am Ort verblieben; die anderen waren von Privatautos mitgenommen worden oder hatten sich wieder auf den Heimweg gemacht. Gestern abend brachte der Fahrdienst der Werbegemeinschaft Besucher, die mit dem Salzwedeler Bus gekommen waren, nach Bergen zurück.

Über rege Nachfrage konnte sich die Kaffeestube freuen, welche die evangelische Johanniskirche in ihrem Gemeindehaus eingerichtet hatte: Viele DDR-Bürger nutzten dieses Angebot, genossen eine Ruhepause, freuten sich über Gespräche mit Mitarbeitern der Gemeinde, und besonders gefreut hat man sich seitens der Kirche über die Landjugend: Sie stiftete Kuchen für die Kaffeestube!

Eine nette Begebenheit am Rande: Unter den DDR-Bürgern, die Dannenberg besuchten, war der Stadtbrandmeister von Dömitz; er hatte vom hiesigen Feuerwehrmuseum gehört, mußte aber am Sonnabendnachmittag erfahren, daß dieses nicht laufend geöffnet ist. Doch Norbert Lüdemann, Leiter der Polizeidienststelle in Dannenberg, wußte Rat: Er suchte und fand „Museumsdirektor" Jochen Tarrach, der dem Brandmeister eine Sonderführung durch die Präsentation des Löschwesens bieten konnte. -jg-

Einmaliges am Rande der Grenzübergangsöffnung

Das Gasthaus wurde zur Zahlstelle

Wie eine Mutter und ihre Tochter zum Begrüßungsgeld kamen – Sie kamen zu Fuß

Schmarsau. „Ich bin in zehn Minuten wieder zurück", das hatte Elke Wehrmann aus Arendsee den freundlichen Männern der NVA an der soeben eröffneten Kontrollstelle zugerufen, bevor sie mit ihrer elfjährigen Tochter Susanne 200 m weiter lief, um lediglich dabeizusein, wenn die einst trennenden Schranken fallen, und um nur mal das Gefühl zu erleben, im Westen zu sein. Doch dann kam alles ganz anders.

Ungewohnt früh ist Tochter Susanne an diesem Sonnabendmorgen aus den Federn gekrochen, denn sie will doch in der Schule davon erzählen, was ihre Klassenkameraden verschlafen. Glücklicherweise fällt die erste Stunde aus, der Unterricht beginnt erst um 9 Uhr, und da lohnt schon ein Spaziergang zum gar nicht so weit entfernten neuen Grenzübergang.

Bekannte, die dasselbe Ziel haben, nehmen Mutter und Tochter im Auto ein Stück mit, den Rest gehen sie zu Fuß. Völlig unbürokratisch erhält Elke Wehrmann ihren Tagesstempel in den Personalausweis, und wenig später steht sie dort, wo auf westlicher Seite die Öffnung des Grenzüberganges gefeiert wird. Sie und ihre Tochter sind die ersten Fußgänger aus der DDR, die auf der anderen Seite ankommen, klar, daß sie mit freundlichem Hallo und mit Beifall auf Schmarsauer Gebiet empfangen werden.

Wie hier, so ist auch in ihrem Bekanntenkreis am Arendsee die Stimmung wunderbar, erzählt Elke Wehrmann. „Wir alle können es gar nicht fassen, das ist so unbegreiflich, was sich in einer Woche so alles getan hat, das ist unfaßbar", schwärmt die 34jährige.

Am Sonnabendmorgen ist sie das erste Mal jenseits der Grenze. Eine Woche zuvor wollte sie über Salzwedel die neuen Reisemöglichkeiten ausprobieren, hatte drei Stunden lang in einer Schlange gestanden, um das Visum zu bekommen, doch: „Da war kein Durchkommen, fünf bis sechs Stunden Wartezeit, da haben wir's dann wieder aufgegeben. Ich fahre dann vielleicht in 14 Tagen, wenn es sich bißchen beruhigt hat", lacht sie.

Von einer Nachbarin erfuhr sie am Donnerstag von der bevorstehenden Öffnung der Grenze zwischen Schrampe und Schmarsau, am selben Abend wurde beschlossen, den Moment direkt vor Ort mitzuerleben. Am Freitag waren die Zuwege noch gesperrt, weil die Baufahrzeuge noch unterwegs waren, aber die Bestätigung, daß ab 6 Uhr am Sonnabend alles frei ist, erhielten diejenigen, die danach fragten.

Eigentlich will sich die Mutter nicht lange aufhalten, doch als Kreisoberamtsrat Alfred Braband eine Fahrt ins Dorf zum Aufwärmen vorschlägt, ist die Neugier dann doch größer als jeder gute Vorsatz. Im Gasthaus Warnecke werden schnell zwei Tische zusammengerückt, Susanne und ihre Mutter lassen sich warmen Kakao schmecken, und Ordnungs-

NUR MAL GUCKEN und wieder zurück, das wollten die 34jährige Elke Wehrmann (rechts) und ihre elfjährige Tochter Susanne, als sie zu Fuß aus Arendsee zur Grenzübergangseröffnung kamen. Doch aus dem ursprünglich auf zehn Minuten befristeten Ausflug wurden zwei Stunden. Kreisoberamtsrat Braband (vorn) und Bürgermeister Beyer luden beide zu einem Besuch mit Überraschungen ins Schmarsauer Gasthaus ein. Aufn.: H.-H. Müller

amtsleiter Braband knüpft telefonisch Verbindung mit dem Kreishaus. Die Vorbereitungen dafür, daß die Gaststätte kurzfristig zur Zahlstelle wird, sind nicht mehr aufzuhalten.

Elke Wehrmanns Personalausweis ist bei Diethard Gnade, dem Leiter des Straßenverkehrsamtes, in guten Händen. Er erfaßt die persönlichen Daten, wie es nun einmal sein muß, und füllt eine Quittung aus. Die ist für den Wirt bestimmt, denn der erklärt sich spontan bereit, für den in diesen ereignisreichen Tagen sicherlich einmaligen unbürokratischen Akt die 200 DM Begrüßungsgeld den Kreisvertretern zu leihen. Kreisdirektor Hans-Christian Riegner ist schließlich der Dritte im Bunde, dem es obliegt, Mutter und Tochter offiziell jeweils einen blauen Hunderter zu überreichen. Elke und Susanne Wehrmann sind sichtlich überrascht.

Doch damit nicht genug. Das Beispiel der Kreisvertreter findet Nachahmung, als sie aus eigener Tasche die Summe erhöhen. Ratsherren der Gemeinde, die Zeuge der Begegnung am Zaun waren, sowie Gäste, die sich in dieser frühen Stunde im Gasthaus aufwärmen, greifen zur Geldbörse, drücken Susanne immer wieder Münzen in die Hand, so daß die Elfjährige ihrer Mutter zu verstehen gibt: „Mama, bald bin ich reicher als du.“ Elke Wehrmann ist überwältigt: „Einfach toll, ganz phantastisch. Zum Wechseln komme ich wieder.“

Fünfzehn Minuten später umarmen Mutter und Tochter am Grenzübergang die Beamten und die Gemeindevertreter zum Abschied. Glutrot geht gerade die Sonne auf, als Elke und Susanne Wehrmann kurz nach 8 Uhr wieder gen Arendsee streben. Irgend jemand wird sie drüben schon mitnehmen, sind sie optimistisch, und jemand ruft ihnen nach: „Im Osten scheint wieder die Sonne.“

-ür-

Proppenvolle Busse bescherten Probleme

Neueste Gerüchte über neue Übergänge

Bergen. Fragen des Busverkehrs standen im Mittelpunkt des Gesprächs zwischen Vertretern von Volkspolizei und Grenztruppen der DDR sowie bundesdeutschem Zoll, Grenzschutz, Polizei und Kreisverwaltung Lüchow-Dannenberg am Sonnabendnachmittag genau auf der Grenzlinie am Übergang Bergen/Salzwedel.

Im Busverkehr hatten sich nämlich einige Schwierigkeiten ergeben: Offensichtlich der enormen Nachfrage wegen hatte der VEB Kraftverkehr Salzwedel über den vereinbarten Linienverkehr hinaus Sonderfahrten nach Lüchow-Dannenberg arrangiert, für die Rückfahrkarten ausgegeben wurden. Diese Rückfahrkarten hatten jedoch keine Gültigkeit für die Linienbusse, was zu einiger Verwirrung führte. Die Grenzbusse, auch die im neuen Liniendienst, waren am Sonnabend zum Teil hoffnungslos überfüllt. Am Sonntag entspannte sich die Situation im Busverkehr dann jedoch merklich.

Die hiesigen Behörden wollen umgehend auch mit der VEB Kraftverkehr Salzwedel die am Wochenende aufgetretenen Probleme erörtern und eine Lösung für die kommenden Wochenenden anstreben. Ein Wunsch zielt vor allem darauf ab, baldmöglichst auch über Lübbow einen Busverkehr aufzunehmen, der auch die grenznahen Dörfer bedient und insbesondere Verwandten von hüben und drüben Treffen erleichtert.

Die Hoffnung, daß auch bei Lübbow bald die Grenze durchlässig wird, hat jedoch einen Dämpfer erhalten: In einem Interview der Salzwedeler „Volksstimme“ soll dem Vernehmen nach der Kommandeur des Grenzkreiskommandos Salzwedel, Meckat, in der vergangenen Woche erklärt haben, daß in absehbarer Zeit nicht an die Öffnung eines Überganges dort gedacht wird. Andererseits verstummen die Stimmen aus dem grenznahen Bereich von drüben nicht, wonach bereits Bauarbeiten für eine Verbindung über Lübbow im Gange sind. Gespräche am Grenzbalken in Lübbow, der auch an diesem Wochenende wieder Anlaufstelle für zahlreiche Altmärker war, wiesen darauf hin, daß gerade seitens der nichtmotorisierten Bevölkerung aus dem Raum Salzwedel und seitens der Zweiradfahrer ein großer Wunsch nach einem Übergang bei Lübbow besteht, der für sie den Weg nach Lüchow wesentlich verkürzen würde.

Bei dem Grenztreffen der Vertreter aus Ost und West verlautete am Sonnabend in Bergen nichts in bezug auf weitere Grenzübergänge. Doch die Gerüchteküche brodelt weiter. So wurde gestern abend bekannt, daß in Lütkenwisch gegenüber von Schnackenburg Platten am Elbufer abgelegt wurden, was möglicherweise ein Indiz für die Öffnung einer weiteren Fährverbindung sein kann. Und im Bereich der Bömenziener Königsbrücke soll auch bereits ein Bagger bereitstehen. -rst-

Seit gestern 12.15 Uhr Fährverkehr DDR-Hitzacker

Nun trennt die Elbe nicht mehr

Rund 3 000 kamen über den Fluß – Minister Stock begrüßte Besucher – Freudentränen

Hitzacker. „Fährmann, hol över", mit diesem traditionellen Ruf, gerichtet an Schiffer Michael Breese auf dessen „MS Drawehn" endete gestern Punkt 12.15 Uhr jene 44 Jahre lang währende Zeit, in der die Elbe Deutsche von Deutschen trennte: Die DDR hat an ihrem Ufer das Tor geöffnet, das zur Fähranlegestelle Herrenhof führt; seitdem ist der Fährverkehr von dort nach Hitzacker wiederaufgenommen. Rund 3 000 DDR-Bürger überquerten gestern den Fluß in Richtung Elbestadt und zurück. Am Nachmittag landete Niedersachsens Innenminister Josef Stock, begleitet von Frau und Kindern, mit einem Hubschrauber in Hitzacker; in seiner Eigenschaft als stellvertretender Ministerpräsident hieß das Mitglied der Landesregierung viele Besucher persönlich willkommen und brauchte zum Ausdruck, was alle fühlten: „Dies ist ein schöner Tag!"

Zusammen mit Landtagsabgeordnetem Kurt-Dieter Grill, Landrat Werner Meiner, Oberkreisdirektor Poggendorf und weiteren Vertretern des öffentlichen Lebens betrat der Minister die „MS Drawehn", um eine der Fährfahrten mitzuerleben. Am DDR-Ufer richtete Josef Stock von Bord des Schiffes aus auch im Namen von Ministerpräsident Ernst Albrecht ein Grußwort an die dort auf die Überfahrt wartenden Menschen. Zurückgekehrt am Anleger in Hitzacker, wandte sich der Gast aus Hannover an die DDR-Bürger, die nun, nach einem Bummel durch die Elbestadt, am späten Nachmittag wieder nach Hause wollten; Josef Stock: „Was uns gestern noch getrennt hat, verbindet uns jetzt – die Elbe!" Er freue sich mit allen, die zum Ufer gekommen waren, rief der Minister aus. Endlich sei ein Tag gekommen, den alle lange herbeigesehnt haben.

Wille des Volkes

Zur Öffnung der Grenze sagte der Innenminister, dieses alles sei den Bürgern der DDR zu verdanken, die gezeigt haben, was der Wille des Volkes vermag. „Wir wollen Ihnen helfen, so gut wir können", versprach der Innenminister den Angesprochenen. Stock meinte weiter, Niedersachsen rücke nun wieder in den Mittelpunkt; dieses sei ein Grund zur Freude, vor allem für Lüchow-Dannenberg, das bislang „an den Rand gedrückt war". Der Minister bekräftigte: „Wir sind wieder mitten in Deutschland." Immer wieder wurde Stocks kurze Ansprache von Beifall unterbrochen; besonders lebhaft wurde dieser, als Stock verhieß: Er wolle sich dafür einsetzen, daß Geld für die Reparatur der Dömitzer Brücke bereitgestellt wird.

Ein Jahrhundertereignis

Die Hoffnung auf Öffnung der Grenze am Anleger Herrenhof hatte bereits Sonnabend früh für Leben hüben wie drüben gesorgt: Am jenseitigen Ufer war nahe der Grenze eine Blaskapelle aufgezogen, deren flotte Musik über den Fluß schallte, und in Hitzacker vergrößerte sich zusehends die Schar der Schaulustigen, die gespannt vom hiesigen „Fährhafen" über die Elbe schaute, verharrte, und immer wieder waren Fragen zu hören: „Wann ist's denn soweit? Heute noch? Hat sich da nicht am Zaun was bewegt? Ob das wohl was wird? Schön wär's ja, nicht wahr?!" Beamte von Bundesgrenzschutz und Zoll blickten nicht minder erwartungsvoll in Richtung DDR, wußten doch auch sie nicht mehr als die „Zivilisten" ringsum. Man wartete, fror – fror aber gern, denn wer wollte schon ein Jahrhundertereignis wie die Wiederaufnahme einer über vier Jahrzehnte lang abgebrochenen Verbindung versäumen! Doch die Dämmerung kam, es waren Leute am Grenzzaun zu sehen, aber nichts geschah.

Bürgermeister aus Kaarßen kam

Auch am Sonntagmorgen ereignete sich noch nichts, was auf die Öffnung der Grenze hindeutete. Zwar blies wieder die Blaskapelle, wieder waren viele Menschen auf DDR-Seite zu beobachten, doch die „MS-Drawehn" mußte weiter an ihrem Hitzackeraner Liegeplatz verharren. Mittlerweile war es zu einer netten deutsch-deutschen Begegnung gekommen: Der Bürgermeister der DDR-Gemeinde Kaarßen, Manfred Salomon, zum Privatbesuch in Lüchow-Dannenberg, traf im Café Dierks mit Hitzackers Bürgermeister Christian Zühlke zusammen, und zu der Runde gesellten sich Samtgemeindebürgermeister Karl Guhl, Stadtdirektor Karsten Stöver sowie dessen Stellvertreter Günter Herrmann. Christian Zühlke hatte am Sonnabend einen Brief an seinen Kaarßener Amtskollegen gesandt, und der darin geäußerte Wunsch nach einer persönlichen Kontaktaufnahme war überraschend schnell in Erfüllung gegangen. Manfred Salomon berichtete, auch er sei in den vergangenen Tagen in der DDR von vielen Menschen gefragt worden, wann denn die Fährverbindung in Betrieb genommen werden könne; auch am Sonnabend, als er dem Kaarßener Tischlermeister Ernst Lengemann zu dessen 80. Geburtstag gratuliert hatte, kamen wieder entsprechende Fragen auf ihn zu.

Hoffnung wurde erfüllt

Es war gegen 11.10 Uhr, als Bürgermeister Salomon dies beim Kaffee erzählte, und als er ankündigte, er werde das Thema „Fähre" auf die Tagesordnung der Ratssitzung setzen, die am Mittwoch in Kaarßen stattfinden soll. Die Zeiger der Uhr rückten gestern auf 11.30 Uhr zu, als der Gast aus Kaarßen bekundete, er habe gute Hoffnung, daß es recht schnell gehe mit einer Entscheidung in puncto Grenzöffnung am Elbufer. Und schon 45 Minuten später war diese Hoffnung erfüllt! Früher, als alle dachten!

Nun ging alles sehr schnell: Die allererste „Fähre" war allerdings nicht die „MS Drawehn", sondern das Zollboot „Hitzacker". Mit Genehmigung der zuständigen Stellen in der DDR steuerten die bundesdeutschen Beamten das gegenüberliegende Ufer an, nahmen drei Fachleute der DDR-Wasserstraßenverwaltung an Bord und fuhren mit ihnen gen Hitzacker, um einige technische Fragen zu klären. Rasch war auch das erledigt: Die „MS Drawehn“ durfte starten! Mit an Bord gekommen zur Jungfernfahrt des Schiffes in seiner Funktion als deutsch-deutsche Fähre waren hiesige Kommunalpolitiker, unter ihnen Landrat Werner Meiner, der Bürgermeister Salomon ein Buch über Lüchow-Dannenberg überreichte.

Welch ein Tag!

Schnell hatten die ersten DDR-Bürger die Fähre bestiegen, nachdem sie von ihren Grenzorganen rasch und freundlich abgefertigt worden waren, zügig ging's über den Fluß – mit großem Hallo, mit Winken, mit Händeklatschen wurden die Besucher von einer vielköpfigen Menschenschar auf Hitzackeraner Boden herzlich willkommen geheißen. Sektkorken knallten, die Blaskapelle aus Kaarßen war mitgekommen, ließ sofort nach der Landung die Instrumente erklingen – Menschen, die sich lange, lange nicht gesehen hatten, lagen sich überglücklich in den Armen; Freudentränen flossen, auch wer nur gekommen war, um zu gucken, war zutiefst ergriffen – welch ein Tag!

Ein Menschenstrom bewegte sich durch Hitzacker; Deutsche von hüben und drüben bevölkerten die Stadt, man traf sich an der Bratwurstbude, am Buttbrunnen, beim Einkaufen, beim Bummeln – eine eigenartige, menschenverbindende Atmosphäre durchzog die „Insel“ – kein Volksfest kann schöner sein! Und am hiesigen Ufer ließ jemand einen großen Drachen steigen, schwarz-rot-golden, und er flog in Richtung Elbe, über das Wasser, hin und her, grenzenlos. -jg-

DER BÜRGERMEISTER der Gemeinde Kaarßen, Manfred Salomon (rechts) war gestern gegen 11 Uhr im Café Dierks zu Gast bei Amtskollegen. Als er sich mit Stadtdirektor Karsten Stöver, Bürgermeister Christian Zühlke, stellvertretendem Verwaltungschef Günter Herrmann und Samtgemeindebürgermeister Karl Guhl (von links) unterhielt, ahnte noch niemand, daß innerhalb einer guten Stunde die Nachricht eintreffen würde: Die Fähre darf fahren! – Heiße Getränke gab es an Bord der „MS Drawehn“ für die Besucher aus der DDR. Nicht alle blieben unter Deck, gern gingen die Fahrgäste auch nach draußen, um von der Fähre aus den Blick über den Fluß zu genießen. 2 Aufn.: H. Jung

Kein Warten im Stau

Wochenendbilanz: Über 60 000 Besucher

Bergen. Über 60 000 Bürger der DDR reisten am Wochenende über die beiden Grenzübergänge Bergen und Schmarsau in den Kreis Lüchow-Dannenberg ein. Diese Zahl nannte die Grenzschutzstelle in Bergen am späten Sonntagabend.

Hinzuzuzählen sind die 3 000 DDR-Einwohner, die am Sonntagnachmittag mit der Fährverbindung von Herrenhof über die Elbe nach Hitzacker gelangten. Damit wurde die Besucherzahl vom vorangegangenen Wochenende um weit mehr als 10 000 Personen übertroffen.

Nach Angaben des Bundesgrenzschutzes reisten am Freitag 14 844 Besucher aus der DDR über Bergen ein. Am Sonnabend wurden hier 16 199 Personen aus dem anderen Teil Deutschlands bei der Einreise gezählt, und am Sonntag erreichte ihre Zahl bis 24 Uhr knapp 7 533.

Den neuen Übergang zwischen Schmarsau und Schrampe passierten am Sonnabend insgesamt 11 572 Reisende aus der DDR in westlicher Richtung. Diese Zahl verringerte sich am Sonntag, wiederum bis 24 Uhr gerechnet, auf 10 817 Personen. Damit wurde jedoch die Tageszahl von Bergen übertroffen.

Trotz steigender Besucherzahlen gab es sowohl bei der Ein- als auch bei der Ausreise keine großen Belastungen. Lange Staus, wie sie eine Woche zuvor unvermeidbar waren, blieben aus. Die Öffnung eines zweiten Überganges im Kreisgebiet wirkte sich sofort positiv aus. -ür-

In Unkenntnis doppelt kassiert

Bergen. Einige hundert DM Begrüßungsgeld wurden an diesem Wochenende von DDR-Bürgern an den hiesigen Zahlstellen, aber auch am Grenzübergang in Bergen zurückgegeben. Dabei handelt es sich um Geld, das doppelt in Empfang genommen wurde. Die 100 DM stehen jedem Bürger aus der DDR nur einmal im Kalenderjahr beim Besuch in der Bundesrepublik zu, ganz gleich, ob er ein- oder mehrfach über die Grenze kommt. „Schwarze Schafe“ gibt es hüben wie drüben. Die Mehrzahl derjenigen, die doppelt kassierten, dürfte jedoch in Unkenntnis gehandelt haben: Schließlich hatten sich viele DDR-Bürger ohne Verwandte im Westen und bis vor zehn Tagen noch ohne Aussicht, in absehbarer Zeit einmal über die Grenze fahren zu dürfen, auch mit dem Thema Begrüßungsgeld nicht befaßt. Das gilt im umgekehrten Fall auch für manche Mitarbeiter der Zahlstellen, die sich in die Auszahlungsmodalitäten erst einarbeiten mußten. Derweil kursieren sowohl in der DDR als auch im Wendland Gerüchte, die besagen, daß diejenigen, die doppelt oder mehrfach kassierten, mit einem Einreiseverbot belegt werden. Offizielle Bestätigung für eine derartige Absicht war nicht zu erhalten. Alle Auszahlungen wurden zwar auf Formularen mit den Namen der Geldempfänger festgehalten, ob (und wann) eine Aufarbeitung dieser zigtausende Belege durchgeführt wird, steht noch offen. -rst-

Wochenende ohne Verkehrschaos

Geordneter Besucherstrom – Baby-Stillzimmer – Heiße Getränke

Lüchow. Das Ziel zahlreicher Besucher aus der DDR war am Wochenende wieder Lüchow. In den Einkaufsstraßen herrschte Hochbetrieb. Dank der guten Organisation der zuständigen Stellen kam es jedoch nicht zu dem befürchteten Verkehrschaos. Auf dem Schützenplatz und vor dem Gildehaus stand ausreichend Parkraum zur Verfügung. Von dort aus war es für die Besucher nur ein kurzer Weg zum Kreishaus, wo sie das Begrüßungsgeld in Empfang nehmen konnten und wärmende Getränke erhielten.

Polizei und Feuerwehr regelten den Verkehr. Auch für einen Abschlepp- und Pannendienst war wieder gesorgt, wenn ein Trabi oder Wartburg nicht mehr weiter wollte. Am Sonnabend und Sonntag wurden im Kreishaus in Lüchow 156 600 DM Begrüßungsgeld ausgezahlt, im Kulturzentrum Clenze nur 20 900 DM. Die Summen der anderen Zahlstellen im Kreisgebiet – an den Schaltern der Postämter empfingen viele Besucher ihre 100 DM – lagen bei Redaktionsschluß noch nicht vor. Manche DDR-Bürger, die im Trubel der ersten Tage nach Öffnung der Grenze zweimal Begrüßungsgeld kassiert hatten, zahlten die zweiten 100 DM zurück – aus Ehrlichkeit oder weil sie befürchteten, mit einer Einreisesperre und Geldbuße bestraft zu werden. Rund 3 000 DM flossen am Wochenende aus diesem Grunde in die Kreiskasse zurück.

Im Gemeindehaus an der St.-Johannis-Kirche war für Besucher aus der DDR eine Kaffeestube eingerichtet worden, in der ab Sonnabend 6 Uhr früh laufend 30 bis 40 Gäste mit wärmenden Getränken, aber auch mit von Gemeindegliedern gebackenem Kuchen bewirtet wurden. Den ebenfalls zur kostenlosen Verteilung gelangten Kakao hatte die Lüchower Molkerei gespendet. Die Baby-Küche sowie das Wickel- und Stillzimmer im Gemeindehaus wurden von vielen Müttern mit Säuglingen und Kleinkindern gern in Anspruch genommen. Dieses Angebot der hiesigen Kirchengemeinde hat sich sehr gut bewährt.

Am regen Besuch des Lüchower Sonnabendmarktes waren die Bürger von „drüben“ gleichfalls stark beteiligt. Einige Händler reichten ihren Kunden einen heißen Punsch, denn im Vergleich zum ersten Besuchswochenende am 11. und 12. November herrschten diesmal frostige Temperaturen. Der Lüchower Lions-Club baute auf dem Marktplatz einen Würstchenstand auf und verteilte am Sonnabend- und Sonntagnachmittag an die Besucher aus der DDR insgesamt über 2 000 heiße Würstchen gratis. Das sind einige Beispiele für die Herzlichkeit und Hilfsbereitschaft, die die Menschen aus der DDR hier erfahren.

Bis in die Abendstunden belebten die Besucher gestern Lüchows Straßen. Die meisten kamen aus den Bezirken Schwerin und Magdeburg, wie ihre Autokennzeichen auswiesen. -tt-

Bürgerdialog im Café „Grenzbereiche“

Kulturverein Platenlaase lud in Salzwedel zum Gespräch ein – Problemfall Geld

Platenlaase. Die Demokratisierung in der DDR kann nur die Sache der Bürger in der DDR selbst sein. Im Westen wolle man zuhören, welche Vorstellungen dieses Volk, das sich – anders als in der Bundesrepublik – seine demokratischen Freiheiten selbst erkämpft, für seine weitere Entwicklung hat. So oder ähnlich, wenn auch zum Teil mit anderen Begriffen, ist es dieser Tage landauf, landab aus den Mündern bundesdeutscher Politiker zu hören. Wie leicht das Zuhören auf weite Entfernung, wie schwierig aber der Beginn des Sprechens in der Nähe sein kann, erfuhren am Sonntagabend die Gäste des Kulturvereins im Café „Grenzbereiche“ in Platenlaase.

In der Kneipe mit dem beziehungsreichen Namen trafen sich Bürger von beiden Seiten des Zaunes. Nicht nur über Politikermund oder Medien vermittelt, wollte man voneinander hören, was den jeweils anderen in seiner Umwelt beschäftigt. Vorausgesetzt wurde dabei, daß von beiden Seiten politisch Interessierte kamen.

Von seiten des Kulturvereins hatte man dafür organisatorisch Sorge getragen. Diesseits wurde nicht öffentlich, sondern persönlich eingeladen.

Jenseits, und das dürfte eine weitere Neuheit dieser Tage sein, verteilten Mitglieder des Kulturvereins vor einer Kirche in Salzwedel Einladungsflugblätter.

Die Kirche, das war bekannt, war Treffpunkt der verschiedenen oppositionellen Gruppen in Salzwedel, die sich zum Neuen Forum zählen.

In Platenlaase wurde damit angeknüpft an eine seit mehreren Jahren bestehende Tradition von Kontakten in die DDR. Nicht umsonst fand Stefan Krawczyk nach seiner Ausweisung hier einen Platz. Hier wurde ein Ost-West-Kulturtreffen nach der Unterzeichnung des Kulturabkommens organisiert, das aber platzte, als mit Krawczyks Ausweisung die DDR deutlich machte, daß Kulturkontakte nur dem Renommee zu dienen hätten.

Krawczyk eröffnete am Sonntagabend das Treffen in Platenlaase. Vor zwei Jahren noch, erzählten Besucher aus Salzwedel, spielte er in einem Jugendclub „dort drüben“.

Der Einladung zum Ost-West-Gespräch folgten am Sonntagabend rund 80 Salzwedeler. Im vollbesetzten Café „Grenzbereiche“ zeigte sich schnell, wie schwierig das Kennenlernen ist, wenn mehr voneinander erwartet wird als nur Augenblickseindrükke oder Anekdoten. Einer von diesseits jedenfalls setzte sich geräuschvoll in die Nesseln, als er bekundete, er wolle „mit Genossen reden“. Genosse steht in der DDR auch bei denen, die weiterhin einen Sozialismus befürworten, für Filz, Korruption, Arroganz der Macht, wie immer, wenn Macht zu lange genossen werden darf.

Dem Versuch, eine öffentliche, gemeinsame Diskussion in Gang zu bringen, folgte Schweigen. Die gegenseitige Befangenheit war deutlich. Was in der großen Runde nicht möglich war, begann schließlich in einzelnen Gruppen und Grüppchen. Da erzählten Vertreterinnen der Öko-Gruppe im Neuen Forum über ihre Tätigkeit, ein Verzeichnis aller im Kreis Salzwedel vorhandenen Gefährdungspotentiale für die Umwelt anzulegen. Daß man sich nun wohl auch um Gorleben kümmern müsse, schließlich liege man in Windrichtung, wurde zur Kenntnis genommen.

Die Bürgerinitiative Lüchow-Dannenberg hatte bereits früher versucht, DDR-Bürger am Genehmigungsverfahren für die Gorlebener Anlagen zu beteiligen. Sie will dies, hieß es am Sonntag, in Zukunft verstärkt fortsetzen. Am Ende vieler dieser Einzelgespräche stand der Austausch von Adressen.

Immer wieder auch wurde das Geld zum Thema. Unter den Gästen im Café gab es viele, die sich geweigert haben, das Begrüßungsgeld in Anspruch zu nehmen. Es sei ihnen peinlich, sagten sie. Über Konvertierbarkeit wurde dann geredet und welche Schwarzmarktfolgen die Unterbewertung der DDR-Mark haben könnte.

Für diesen einen Abend hatte der Kulturverein Platenlaase das Problem, soweit es ihn selbst betraf, gelöst: DDR-Bürger hatten alles frei. Wie der finanzschwache Verein künftig solche Begegnungen finanzieren soll, ist seinen Mitgliedern noch schleierhaft. Die Kneipe will 1:1 tauschen, aber davon haben weder die Betreiber noch der Verein etwas. Fest steht nur, daß das Gespräch am Sonntagabend nicht das letzte gewesen sein soll. Der Kulturaustausch auf Bürgerebene beginnt, seine Initiatoren aufzufressen. -fk-

„Zusammenwachsen“

– Die neue Nachbarschaft –

EJZ-Berichte zum 22. November bis 23. Dezember 1989

Zum Brückenbau entschlossen

Minister Stock auf der Dömitzer Straßenbrücke – Kundgebung

Dannenberg. Die Wiederherstellung der Dömitzer Brücke forderten auf Transparenten und Plakaten an die 200 Dannenberger Bürger am Mittwochvormittag in einer kurzfristig anberaumten Kundgebung. Adressat dieses Anliegens war Niedersachsens Innenminister Josef Stock, der ursprünglich alle Grenzübergänge in Lüchow-Dannenberg besuchen wollte, wegen des Glatteises aber nur kurz an der Dömitzer Brücke mit dem Hubschrauber einschwebte. Er unterstrich, daß die Landesregierung gewillt und entschlossen sei, die Brücke zu bauen – sobald die politischen Voraussetzungen dafür geschaffen sind. „Der gute Wille ist da", betonte Stock, dämpfte aber zugleich die auf Spruchtafeln geäußerte Euphorie, daß die Brücke kurzfristig wiederaufgebaut werden kann: „Man muß mit kühlem Kopf überlegen, was die richtige Maßnahme ist."

Wo Grenzübergänge geschaffen werden, werde die Landesregierung alles für deren Ausstattung tun. An der Dömitzer Brücke sei die Situation jedoch ungleich schwieriger. Rund 50 Millionen DM sind überschlägig veranschlagt für einen Brückenschlag unter Nutzung der vorhandenen Bausubstanz. Die ist nach Auffassung des Leiters des Straßenbauamtes Lüneburg, Hans-Werner Zarth, zumindest bis zum 16. Pfeiler der Vorlandbrücke, bis auf den auf westlicher Seite die Straße noch reicht, dazu geeignet, auch eine um drei Meter breitere Fahrbahn aufzunehmen.

Genau 253,80 Meter Lücke klaffen vom 16. Pfeiler bis zum gegenüberliegenden Ufer. Die Fahrbahnbreite beträgt derzeit 6,50 Meter, dazu linksseitig ein Meter und rechtsseitig 1,70 Meter Fußgängerweg.

Die Überlegungen, wie die Brücke im Falle eines Übereinkommens mit der DDR zu bauen wäre, gehen in drei Richtungen: das reicht von einem kompletten Neubau über die Verbreiterung der Fahrbahn auf der bestehenden Pfeilersubstanz bis hin zu einer Fortführung der alten Fahrbahn, deren Breite allerdings den modernen Anforderungen des Straßenverkehrs kaum gerecht werden dürfte, schließlich verbindet die alte Bundes(bzw. Reichs)straße 191 die Großräume Rostock und Wolfenbüttel mit einem entsprechend zu erwartenden großen Verkehrsaufkommen. Am Rande steht auch noch die Idee, die alte Brücke als Denkmal zu erhalten.

Die Frage des „Wie" eines neuerlichen Brückenschlags über die Elbe berührte Minister Stock in seinen Ausführungen denn auch nur am Rande. Letztendlich dürfte der Brückenschlag seiner Meinung nach auch keine Finanzfrage sein: Wenn vor ein, zwei Jahren jemand gefordert hätte, nicht einmal ein Prozent des Bundeshaushaltes auszugeben für die Öffnung der Grenze der DDR, sagte der Innenminister, hätte jeder wohl eher gesagt: Legt noch etwas drauf.

Wenn die DDR einverstanden ist, erklärte Josef Stock, sei man auch bereit, auf DDR-Gebiet an der Brücke zu bauen. Sobald mit der DDR generelles Einvernehmen über die Wiederherstellung einer Brückenverbindung hergestellt sei, werde man mit den Voruntersuchungen beginnen. Zugleich gab er der Hoffnung Ausdruck, daß es bei einer Verwirklichung dieses Projektes nicht zu so vielen Einwendungen aus der Bevölkerung kommen wird wie sonst bei Straßenbauprojekten.

Was die Bereitschaft auf DDR-Seite zum Brückenschlag angeht, verbreitete Dannenbergs Samtgemeindebürgermeister Klaus Wojahn Optimismus: Bei einem Besuch zwei Tage zuvor sei er im Dömitzer Rathaus herzlich empfangen worden. Auch jenseits der Elbe wolle man diese Brücke. Es sei verabredet worden, von beiden Seiten anzufangen, den Bau der Brücke zu ermöglichen. -rst-

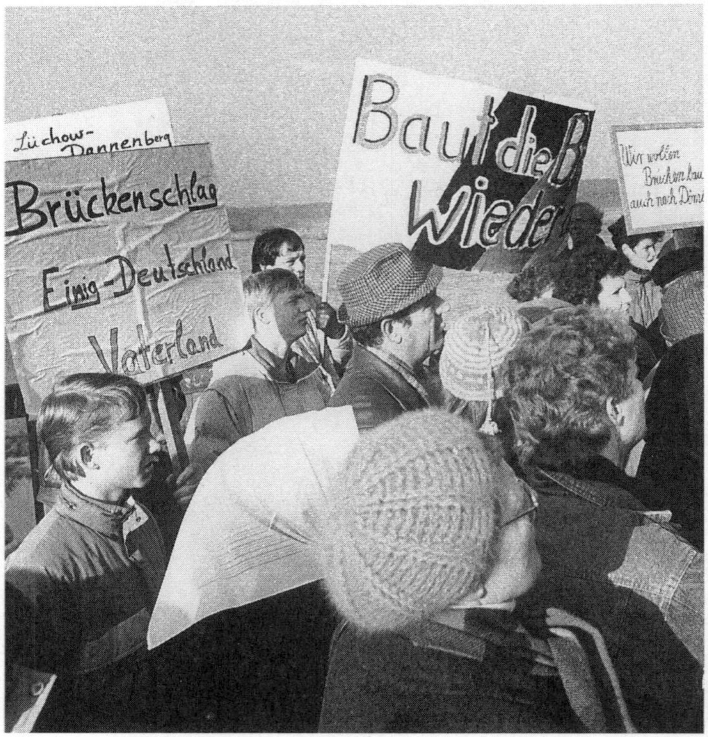

FÜR DEN WIEDERAUFBAU der zerstörten Dömitzer Brükke demonstrierten am Mittwochvormittag an die 200 Bürger, als der niedersächsische Innenminister Josef Stock dieses Symbol der deutschen Teilung besuchte.
Aufn.: R. Stremmler

Amtsscheune steht den Gästen offen

Hilfsbereite Hitzackeraner erwarten DDR-Bürger – Kaffee, Kuchen, Wickelstube

Hitzacker. Der herzliche Empfang, den die Hitzackeraner ihren Besuchern aus der DDR nach dem Anlegen der ersten Fähre bereiteten, wird sich nicht auf jenes Wochenende beschränken; deutlich wurde das auf einer Bürgerversammlung Donnerstag abend im Restaurant „Yachthafen", wo Vertreter von Parteien, Vereinen und Organisationen, aber auch einzelne Elbestädter ihre Hilfsbereitschaft bekundeten. Bürgermeister Christian Zühlke nahm dies zum Anlaß, all denen zu danken, die in den vergangenen Tagen spontan den Gästen vom anderen Ufer auf die eine oder andere Art und Weise zur Seite gestanden haben und dies auch künftig tun wollen.

Christian Zühlke erinnerte an das Eintreffen der ersten DDR-Bürger: „Es war ein überwältigendes Erlebnis, das tiefe Eindrücke vermittelt hat." Jeder in Hitzacker sei angesichts dessen wohl bereit, etwas zu tun. Zu der spontanen Hilfsbereitschaft seit Wiederaufnahme der Fährverbindung sagte der Bürgermeister: „Wir haben zeigen können, daß die Hitzackeraner das Herz am rechten Fleck haben." Ein Dankeschön für alles bisher Geleistete richtete Zühlke an Zoll, Bundesgrenzschutz, Polizei, Feuerwehr, DRK, Guttempler, SPD-Frauen sowie an die Verwaltung und den Bauhof der Samtgemeinde, „und an jeden einzelnen Bürger". Ein Hitzackeraner ergänzte, auch den Gastwirten sei Anerkennung zu zollen, die sich in lobenswerter Weise um die Besucher kümmerten und diese zum Teil kostenlos mit Getränken versorgten.

Man müsse bedenken, meinte Zühlke, daß die DDR-Bürger in Hitzacker ohne Fahrzeug eintreffen. Es sei erforderlich, ihnen einen Raum zum Ausruhen anzubieten. Aus diesem Grund habe der Verwaltungsausschuß beschlossen, die Amtsscheune zur Verfügung zu stellen. Die Betreuung der Besucher werden abwechselnd Organisationen und Vereine sowie die in Hitzacker vertretenen politischen Parteien übernehmen; entsprechende Angebote kamen unter anderem vom Reichsbund, der Schützengilde und dem VdK. Als „warme Stube" wird die Amtsscheune, in der auch eine Wickelstube eingerichtet ist, bis auf weiteres täglich von 12.30 bis 15 Uhr geöffnet sein.

Den Einsatz in der Amtsscheune und auch das Zusammenspiel aller sonstigen Hilfsmaßnahmen zugunsten der DDR-Bürger koordiniert Samtgemeindemitarbeiter Schönfelder, der auch der richtige Ansprechpartner ist, falls jemand etwas spenden oder für DDR-Gäste eine Übernachtungsmöglichkeit anbieten möchte; Schönfelder ist unter der Telefonnummer (0 58 62) 79 97 zu erreichen. Über Quartierangebote für Menschen aus der DDR freut sich auch die Kurverwaltung; ihre Rufnummer: (0 58 62) 80 22

Um den Zustrom der Besucher aus der DDR nach Hitzacker nicht zu behindern, wird die Stadtinsel am heutigen Sonnabend von 14 bis 19 Uhr und morgen von 10 bis 19 Uhr für den Kraftfahrzeugverkehr gesperrt, gab Christian Zühlke bekannt.

Konkrete Hilfsangebote wurden während der Bürgerversammlung unterbreitet: Man erfuhr z. B., daß die CDU am Dienstag, dem 28. November, und auch am Mittwoch und Donnerstag während der Fährzeiten – 10 bis 18 Uhr – DDR-Bürgern im Café Dierks kostenlos Kaffee und Kuchen serviert. Am Fähranleger soll ein Zelt aufgebaut werden, in dem die Ankommenden durch Helferinnen und Helfer des DRK-Kreisverbandes betreut werden.

Eine nette Geste: Die Schützengilde Hitzacker bietet DDR-Bürgern aus den Nachbargemeinden jenseits der Elbe kostenlose Mitgliedschaft und kostenfreies Mitfeiern bei den Hitzackeraner Schützenfesten an. Der örtliche Kulturring will Kindergärten und -horte mit Freikarten für die Aufführung des Weihnachtsmärchens erfreuen; aus den Reihen der Anwesenden kam der Vorschlag, nicht verkaufte Karten für die Musikwoche an Besucher aus der DDR zu vergeben. Weitere Anregungen: Ruhebänke zwischen dem Fähranleger Hitzacker und dem Kranplatz für ältere Gäste und die Öffnung der Toiletten am Kranplatz, die noch wegen Frostgefahr geschlossen sind.

Wie die Teilnehmer der Bürgerversammlung vom Zoll erfuhren, ist geplant, auf dem Parkplatz „Techters Wiese" drei Container für die Grenzabfertigung aufzustellen; es sei daran gedacht, daß die Fähre dann bis in den Hitzackeraner Hafen kommt. Wichtig ist dies insbesondere mit Blick auf zu erwartendes Hochwasser. Die DDR erwäge, auf ihrer Seite der Fährverbindung eine komplette Grenzstation aufzubauen; geschieht dies, dann sei zu erwarten, daß im Rahmen des kleinen Grenzverkehrs auch Bundesbürger – mit Visum – über die Elbe in die DDR reisen dürfen.

Immer wieder wurde aus den Reihen der Versammelten betont, wie wichtig es ist, daß die Besucher aus der DDR Wärme und Zuneigung erfahren, daß sie angesprochen werden, daß man sie z. B. durch die Stadt führt, oder sie auch einlädt zu einem Besuch in der Familie. Anregungen in dieser Richtung fanden stets die Zustimmung der Bürger. Offener Protest dagegen wurde laut gegen einen Leserbrief, in dem sich zwei Schreiber aus Gartow in polemischer Form gegen weitere Grenzübergänge ausgesprochen hatten.

Die harmonisch verlaufene Versammlung schloß mit einem kleinen Disput darüber, wer denn nun der wirklich letzte Fährmann war, der 1945 die Fähre über die Elbe steuerte. Der Enkel des einstigen Schiffers Georg Hauel reklamierte diese Tatsache für seinen Großvater, und der derzeitige Fährmann Michael Breese blieb dabei, sein Großvater habe die letzte offizielle Hitzackeraner Fähre gelenkt. Beifall gab's für Bürgermeister Zühlke, als er diese Auseinandersetzung nur kurz kommentierte: Wichtig sei allein gewesen, daß am vergangenen Wochenende sofort ein Fährmann zur Stelle war, als es galt, den Bürgern aus der DDR den Weg über den Fluß zu ermöglichen.

-jg-

Nach erster Euphorie über die Grenzöffnung:

Einigen Schmarsauern stinkt's

Protestschilder – Behördenvertreter zu Gesprächen in Salzwedel

Schmarsau. Die Nase voll haben, im wahrsten Sinne des Wortes, bereits einige Einwohner aus Schmarsau von den Abgasen des seit gerade einer Woche durch ihren Ort brandenden Verkehrs von DDR-Bürgern nach Öffnung des Grenzübergangs. Protestschilder, von denen das auf dem Foto noch eines der zurückhaltenderen ist, weisen auf die Belastung des Dorfes durch das hohe Aufkommen an Kraftfahrzeugen hin, für das die örtlichen Straßenverhältnisse absolut unzureichend sind.

„Lärm und Gestank machen uns krank", heißt es zum Beispiel auf einer Tafel in der Ortsdurchfahrt. Lemgows Bürgermeister Werner Beyer, von der EJZ auf diesen Protest angesprochen, war nicht besonders angetan von dieser Bürgerreaktion, die seiner Kenntnis nach auch nicht von allen Anwohnern geteilt wird: Man sollte die Nebeneffekte in Kauf nehmen, die darauf beruhen, daß die DDR-Bürger ihre neue Freiheit genießen, und nicht so schnell reagieren, war sein Kommentar.

Die Behörden sind nicht untätig: In Gesprächen unter anderem mit dem Straßenbauamt und dem Amt für Agrarstruktur mache man sich ernsthaft Gedanken über eine neue Verkehrsregelung, wobei auch eine Umgehungsstraße zur Diskussion steht. Doch sollte man auch nichts überstürzen, meinte Werner Beyer, da noch nicht abzusehen ist, wie sich das Verkehrsaufkommen über den neuen Grenzübergang Schmarsau/Schrampe entwickeln wird – auch unter dem Aspekt, daß vielleicht noch weitere Grenzübergänge nach Lüchow-Dannenberg geöffnet werden.

In dieser Sache weilten gestern der Leiter des Straßenbauamtes Lüneburg, Hans-Werner Zarth, und Vertreter der hiesigen Kreisverwaltung zu Gesprächen in Salzwedel. Unter anderem ging es dabei auch um die Öffnung eines Überganges in Lübbow. Bis Redaktionsschluß lagen noch keine Ergebnisse des Treffens vor. Mitarbeiter des Bauamtes und einer Straßenbaufirma waren gestern schon in Lübbow vor Ort, um technische Fragen des Straßenbaus über den Grenzgraben zu erörtern.

In Schmarsau wird umgehend mit der Verbreiterung der Straße zum neuen Grenzübergang begonnen. Bis zum kommenden Wochenende sollen die Arbeiten weitgehend abgeschlossen sein, hieß es bei einem Ortstermin von Behörden und Baufirmen gestern.

Derweil trafen sich in Schmarsau auf der Grenzlinie der auch für den dortigen Übergang zuständige Leiter der Grenzschutzstelle Bergen, Polizeikommissar Loseries, und der Kommandant des Grenzübergangs Schrampe, ein Major der DDR-Grenztruppe, zu einem Gespräch. Es wurde, noch recht förmlich im Ton, eine gute Zusammenarbeit bei der Abwicklung des Reiseverkehrs „im Interesse der Menschen auf beiden Seiten" vereinbart. -rst-

MAHNUNGEN UND PROTESTE angesichts des erheblichen Verkehrsaufkommens nach der Grenzöffnung beinhalten Schilder, die von Anwohnern der Straße zur Grenze in Schmarsau aufgestellt wurden – nach dem herzlichen Willkommen der ersten Tage für die einreisenden DDR-Bürger eine ganz neue Erfahrung bundesdeutscher Realität. Aufn.: R. Stremmler

Die „Luna“ verbindet Land und Leute

Elbfähre in Neu Darchau – Vorerst an sechs Wochenenden – Start mit Posaunenchor

Neu Darchau. „Nach 44 Jahren können wir wieder nach Neu Darchau!“ Tränen der Freude begleiteten diesen Satz eines älteren Mannes, der am Sonnabend unter den ersten DDR-Bürgern auf dem Fährschiff „Luna“ zwischen Darchau und dem hiesigen Elbufer war. Und ein etwa dreißig Jahre junger Passagier von drüben, ein Musikinstrument in der Hand, bekannte, just an Bord gekommen: „Das ist der schönste Tag meines Lebens.“ So oder ähnlich mögen viele gefühlt haben, als zum ersten Mal nach Kriegsende eine Fähre Darchau und Neu Darchau, Land und Leute verband; seit Sonnabend, 13 Uhr, besteht diese Verbindung wieder!

Ursprünglich hieß es: Das Fährschiff startet bereits um 10 Uhr, und so hatten sich schon am Morgen viele Menschen im Neu Darchauer Hafen versammelt, warteten gespannt auf den Brükkenschlag per Fähre. Ein kleines Ensemble machte Musik, und auch vom jenseitigen Ufer kamen Klänge über den Strom, wie man später erfuhr, vom Posaunenchor aus Stapel. Doch mehr geschah vorerst nicht.

Die „Luna“ fuhr aus dem Hafen, an Bord Neu Darchauer Ratsmitglieder, fuhr dicht ans bundesdeutsche Ufer, wartete. Von Bord aus begrüßte Bürgermeister Gerd Habenicht die in der Kälte geduldig verharrenden Leute, unter ihnen CDU-Bundestagsabgeordneter Klaus Harries, MdL Kurt-Dieter Grill, stellvertretender Landrat Klaus Wojahn und Hitzackers Samtgemeindedirektor Karsten Stöver. Das Schiff am Elberand solle der DDR signalisieren, daß auf der hiesigen Seite alles bereit ist, begründete Habenicht die kurze Fahrt. Aber noch immer tat sich nichts, öffnete sich kein Tor.

Der Hintergrund der „Wartezeit“: Freitag abend hatten die zuständigen bundesdeutschen Stellen eine Nachricht aus der DDR erhalten, der zu entnehmen war: Am Sonnabend ist mit der Öffnung eines Grenzübergangs am Anleger Darchau nicht zu rechnen! Dennoch war die „Luna“ am Sonnabendmorgen in Position gegangen, war der Empfang der zu erwartenden DDR-Bürger nicht abgeblasen worden, denn: In der Nacht zu Sonnabend war auf den Anrufbeantworter der Gemeindeverwaltung eine Mitteilung gesprochen worden, die hoffen ließ, daß nun doch „etwas geschieht“.

Gegen 11 Uhr war noch immer nichts geschehen. Oberkreisdirektor Klaus Poggendorf griff schließlich zum Mikrophon und informierte die Wartenden über

DDR-BÜRGER waren in großer Zahl zum Anleger Darchau gekommen, um sich ans gegenüberliegende Ufer bringen zu lassen. – DIE „LUNA“, an Bord die Besucher, wurde im hiesigen Hafen (Foto Seite 52) von einer vielköpfigen Menge willkommen geheißen.
3 Aufn.: H. Jung

den Stand der Dinge, stellte fest, es gebe keine offizielle Nachricht über eine Grenzöffnung, voraussichtlich werde am Sonnabend noch keine Fähre verkehren, aber es sei nicht auszuschließen, daß kurzfristig eine Veränderung eintritt.

Die erfreuliche Wende der Situation trat ein! Die DDR tat ihre Tore auf, rund 300 Menschen strömten hindurch, Schiffer Anker konnte seine „Luna“ ablegen lassen. In Windeseile sprach sich die frohe Botschaft herum. Das Schiff hatte kaum Neu Darchau verlassen, da gesellten sich zu den Versammelten immer mehr hinzu; immer mehr, die beobachteten, wie sich die Fähre dem Anleger Darchau zuwandte. Winkend empfing dort die Menge der DDR-Bürger die „Luna“; Bürgermeister Habenicht richtete ein Grußwort an die Fahrgäste, an Bord gab's anläßlich der Premierentour Schokolade für die Kinder, Sekt für die Erwachsenen, und der Posaunenchor aus Stapel musizierte.

Herzergreifende Begrüßungsszenen, wie es sie vor einer Woche schon in Hitzacker gab, bewegten nun auch die Menschen in Neu Darchau. Erste Station für die Besucher aus der DDR war das Fährhaus, wo noch einmal ein Willkommen entboten wurde, wo eine Tasse Kaffee getrunken, miteinander geredet werden konnte. Miteinander reden – dazu trafen sich Sonnabend nachmittag auch die Ratsmitglieder aus Neu Darchau und aus der DDR-Gemeinde Haar; eine Zusammenkunft mit dem Ziel, die ersten Kontakte weiter auszubauen.

Wie Bürgermeister Habenicht der EJZ berichtete, hatte der Gemeinderat Haar große Anstrengungen unternommen, damit am Sonnabend der Fährbetrieb aufgenommen werden konnte. Dank gelte aber auch allen anderen, die zum Zustandekommen der Verbindung beigetragen haben, unter anderem Carsten Oehlers vom Wasser- und Schiffahrtsamt, und vielen anderen Helfern, Organisationen und Behörden.

Die Fähre soll zunächst an sechs Wochenenden jeweils sonnabend und sonntags von 12 bis 18 Uhr verkehren, erklärte der Bürgermeister. Dazu liege die Zustimmung der zuständigen Dienststellen vor. „Wir hoffen, daß wir weitere Fahrten an der alten Fährstelle vornehmen können“, wünschte Habenicht. Ziel sei nun eine Autofähre zwischen Darchau und Neu Darchau. -jg-

DIE ERSTEN GÄSTE aus der DDR, die die neue Fährverbindung nutzten, betraten am Sonnabend gegen 13.15 Uhr bundesdeutschen Boden. Lüchow-Dannenberger Kommunalpolitiker hatten sich zur Begrüßung am Steg eingefunden.

Reiseflut erst mal abgeebbt

Deutlich weniger DDR-Reisende am Wochenende registriert

Bergen. Die Flut an DDR-Reisenden ist am Wochenende deutlich abgeebbt: Nach Angaben des Bundesgrenzschutzes in Bergen von gestern abend passierten zwischen Freitag und Sonntagabend rund 46 000 DDRler die hiesigen Übergangsstellen, am Vorwochenende waren es noch über 60 000. Ein Grund für den rückläufigen Trend dürfte vor allem sein – die Tageszahlen unterstreichen dies –, daß gestern die Geschäfte Lüchow-Dannenbergs geschlossen blieben.

Denn verhältnismäßig mickrig fielen die Zahlen für den gestrigen Sonntag aus: Nur 2 600 DDR-Bürger fanden bei schneematschigen Straßenverhältnissen den Weg nach Lüchow-Dannenberg. Jeweils 1300 Besucher wurden in Schmarsau und Bergen registriert. Zur Ehrenrettung des Sonntags in dieser Wochenendstatistik müssen auch noch diejenigen DDRler hinzugezählt werden, die gestern mit der Fähre in Hitzacker (896) und Neu Darchau (732) anlegten. Damit erhöht sich die Zahl der im hiesigen Kreisgebiet registrierten Besucher aus der DDR auf etwa 4 200 für den Sonntag.

Ein Spiegelbild dieser Zahlen lieferte Lüchows Innenstadt gestern: Welch Unterschied zum Sonntag, dem 19. November! Dafür hatte am Freitag und vor allem am Sonnabend erneut eine Trabi-Invasion eingesetzt, DDR-Besucher standen Schlange für ihr Begrüßungsgeld (siehe Aufnahme vor der Lüchower Post am Sonnabend).

12 000 Besucher tuckerten mit ihren Wartburgs, Ladas und Trabants am Freitag über die Grenzstellen Bergen (8 000) und Schmarsau (4 000), am Sonnabend erfuhren diese Zahlen noch einmal einen wahren Push: In Bergen wurden 13 400 DDR-Reisende gezählt, in Schmarsau gar 16 500.

Nach Beobachtungen des Grenzschutzes war die Abfertigung der DDR-Beamten zügig und einfach – wie eigentlich vieles in jüngster Zeit.

-gel-/Aufn.: J. Feuerriegel

Salzwedeler Kreisratsspitze im Lüchower Kreishaus:

Fragen der Zusammenarbeit erörtert

Gegenbesuch vereinbart – Gemeinsames Interesse an Grenzübergang bei Lübbow

Lüchow. „Das Gespräch kommt schon fast 14 Tage zu spät", befand Klaus Merkewitz, Vorsitzender des Rates des Kreises Salzwedel, gestern vormittag im Lüchower Kreishaus bei einer ersten offiziellen Kontaktnahme mit Landrat Werner Meiner und Oberkreisdirektor Klaus Poggendorf. Manche Probleme hätten bei einem Treffen zu einem früheren Zeitpunkt unkompliziert geklärt werden können.

In Begleitung von Klaus Merkewitz waren der Stellvertretende Kreisratsvorsitzende Joachim Weinert und das für Verkehrs- und Nachrichtenwesen zuständige Kreisratsmitglied Martin Eisenhammer nach Lüchow gekommen, von hiesiger Seite nahmen an dem Gespräch Kreisordnungsamtsleiter Alfred Braband und der Leiter der Verkehrsabteilung des Landkreises Lüchow-Dannenber, Diethard Gnade, teil. Letztere hatten auf ihrer Ebene seit Öffnung der Grenzen schon einigen Kontakt mit den Behörden in Salzwedel gepflegt. Wegen der Überlastung der Telefonleitungen zwischen der Bundesrepublik und der DDR war ein äußerst unkonventioneller Weg zur Kontaktnahme gefunden worden: Martin Eisenhammer war nach Bergen gefahren, um von dort im hiesigen Kreishaus anzurufen und das Treffen zu vereinbaren.

Der Rat des Kreises ist in der DDR ein von der Volksvertretung gewähltes ausführendes Organ. Gemäß dem Gesetz über die örtlichen Volksvertretungen in der DDR leiten die Räte „im Auftrag der Volksvertretung und auf der Grundlage des Planes die ökonomische, soziale und geistig-kulturelle Entwicklung in ihrem Verantwortungsbereich". Sie sind dafür verantwortlich, „daß in der staatlichen Arbeit die Beschlüsse der Partei der Arbeiterklasse und das Recht des sozialistischen Staates konsequent durchgeführt werden". Dem Vorsitzenden des Rates kommt, auf die bundesdeutsche Kommunalverfassung übertragen (bei aller Schwierigkeit des Vergleichs zweier so unterschiedlicher Systeme), eine Funktion zu, die etwas mehr von den Kompetenzen eines Oberkreisdirektors und ein wenig von denen eines Landrates besitzt. Der Ratsvorsitzende soll in der DDR Abgeordneter der Volksvertretung sein.

Dem gestrigen Treffen im Kreishaus kam die Bedeutung eines ersten Kennenlernens zu, wobei die Gespräche doch schon in die Tiefe gingen: In den knapp zwei Stunden habe man „40 Jahre DDR schon fast aufgearbeitet", umriß Klaus Merkewitz. Landrat Werner Meiner freute sich, daß die Kontaktaufnahme so verhältnismäßig unkonventionell möglich war. Ein Gegenbesuch wurde für den 15. Dezember in Salzwedel vereinbart. Dann sollen die beide Seiten interessierenden Fragen auch intensiver erörtert werden.

Angesprochen wurden einige solcher Themen bereits am Dienstag im Kreishaus. So wurde gemeinsames Interesse an der Öffnung eines Überganges in Lübbow bekundet. Kreisratsvorsitzender Merkewitz verhehlte zu diesem Thema nicht, daß der Kreis Salzwedel mit seinen zwei bestehenden Übergängen schon fast überfordert sei. Dennoch: Für

Fast eine viertel Million

Bergen/Schmarsau. Fast eine viertel Million Besucher aus der DDR sind seit Öffnung der Grenzen über die nunmehr vier Übergänge in Lüchow-Dannenberg in die Bundesrepublik eingereist. Das ergibt sich aus einer Statistik der hiesigen Kreisverwaltung. 171 365 DDR-Bürger reisten seit dem 9. November bis zum 27. November über den Übergang Bergen ein, in Schmarsau wurden seit Öffnung am 18. November überschlägig 61 030 einreisende Besucher aus der DDR gezählt. Mit der Fähre Hitzacker kamen seit dem 19. November rund 6 520 Gäste aus der DDR, und die Fähre nach Neu Darchau brachte am 26. November allein 1380 Besucher. In Bergen und Schmarsau passierten seit dem 9. November insgesamt rund 66 200 DDR-Fahrzeuge (bis zum Montag dieser Woche) die Grenzübergänge in Richtung Bundesrepublik.

Dömitzer eingeladen

Drei Tage Dannenberger Weihnachtsmarkt

Dannenberg. Der Weihnachtsmarkt in Dannenberg wird um einen Tag verlängert; er wird von Donnerstag, dem 7. Dezember, bis einschließlich Sonnabend, den 9. Dezember, der Jeetzelstadt adventliche Atmosphäre verschaffen.

Einen entsprechenden Entschluß faßte ein Arbeitskreis der Dannenberger Werbegemeinschaft zusammen mit der Stadt Dannenberg. Anlaß für die Erweiterung: Dannenberg erwartet an den drei Markttagen Besuch aus Dömitz! Die Bürger jener Stadt sind eingeladen worden, sich in Dannenberg ein paar frohe Stunden zu machen. Für den Besuch aus der DDR ist das Ohmsche Haus geöffnet, wo heißer Kaffee bereitsteht und wo sich Deutsche von hüben wie drüben zum gemütlichen Plausch zusammensetzen können. Auch die Freiwillige Feuerwehr Dannenberg hofft, Gäste aus Dömitz in ihrem Gerätehaus am Kuhmarkt begrüßen zu dürfen. Besuchern aus der DDR, die an den drei Weihnachtsmarkttagen mit der Fähre ankommen, bieten die Dannenberger, nach Absprache mit der Stadt Hitzacker, einen besonderen Service: Vom Parkplatz „Bleichwiese" in Hitzacker bis Dannenberg und zurück fährt ein Bus im Pendelverkehr. Gesucht für die Dömitzer werden Übernachtungsmöglichkeiten; wer eine solche anbieten kann, sollte die Gästeinformation in Dannenberg unter der Telefonnummer (0 58 61) 8 08 43 zwischen 8 und 16 Uhr anrufen.

den Rat und sich persönlich versprach er, sich dafür einzusetzen, Wege und Möglichkeiten zu finden, daß hinsichtlich eines Überganges bei Lübbow baldmöglichst eine Lösung gefunden wird. Für den Übergang Bergen wird die Freigabe auch für den Lkw-Verkehr angestrebt.

Weiterhin wurden bei der Zusammenkunft im Kreishaus Möglichkeiten der Zusammenarbeit der Nachbarkreise auf verschiedenen Gebieten von Jugend, Wirtschaft und Kultur bis zum Umweltschutz erörtert. Ein Thema zu letzterem Komplex ist die Kläranlage Salzwedel, deren Erweiterung um eine biologische Reinigungsstufe vom übergeordneten Bezirk offensichtlich zugunsten einer Investition in Stendal, wo viele neue Wohnungen entstehen, zurückgestellt wurde. Dem Kreis Salzwedel, so war zu erfahren, sei freigestellt worden, die eigene Anlage in Eigenverantwortung zu bauen. Allerdings gibt es in Salzwedel die dafür erforderlichen Spezialbaukapazitäten nicht, selbst unter dem Aspekt, daß auf Kreisbeschluß die Salzwedeler Baukapazitäten im Kreis belassen und nicht mehr nach Berlin abgestellt werden. Kreisratsvorsitzender Merkewitz unterstrich, daß der Kläranlagenerweiterungsbau 1991 beginnen muß. Ob sich da unter den gegebenen Voraussetzungen ein erstes Projekt nachbarschaftlicher Zusammenarbeit auf dem Gebiet des Umweltschutzes ergibt?

Was die Schaffung einer Reisefreiheit auch für Bundesbürger in die DDR angeht, zeigte sich der Salzwedeler Kreisratsvorsitzende zuversichtlich: Die Regierungen beider Staaten, meinte er, werden in den nächsten Tagen Lösungen finden zur Schaffung eines gemeinsamen Währungsfonds. Dabei stehe als eine der ersten Forderungen die der Bundesregierung nach Abschaffung der Visapflicht und Aufhebung des Mindestumtausches.

Lüchow-Dannenberg grenzt an vier DDR-Landkreise. Auch seitens des Kreises Osterburg, die Region um den Arendsee, liegt im Lüchower Kreishaus bereits eine schriftliche Einladung zu Kontaktgesprächen vor. Interesse hat der hiesige Landkreis auch an Kontakten zu den Kreisen Hagenow und Ludwigslust jenseits der Elbe, und vergessen ist auch nicht der Kreis Perleberg, dessen einst gemeinsame Grenze nach einer Gebietsreform drüben nur wenige Kilometer abseits liegt. -rst-

„Fähre ist keine Illusion mehr“

Für Verbindung Lenzen–Pevestorf „grünes Licht“ aus Ost-Berlin

Nienwalde. In einem Schreiben an den Niedersächsischen Minister für Bundes- und Europaangelegenheiten weist die Samtgemeinde Gartow darauf hin, daß die jüngste deutsch-deutsche Entwicklung auch für sie eine herausragende Bedeutung erhalten hat. Die vor dem Zweiten Weltkrieg bestandenen starken wirtschaftlichen Beziehungen mit den Bewohnern der West-Prignitz und der Altmark könnten durch die Einrichtung einer Fährverbindung zwischen den Orten Pevestorf und Lenzen wiederbelebt werden, steht in dem Brief, den Samtgemeindebürgermeister Klaus Legner während der jüngsten Sitzung des Gartower SG-Rates im „Eichenkrug“ in Nienwalde verlas.

Die Menschen diesseits und jenseits der Elbe müßten dadurch nicht mehr die langen Anmarschwege zu den Elbbrücken bei Lauenburg oder Wittenberge in Kauf nehmen. Die vor 1945 bestandenen Hafenanlagen seien noch weitgehend vorhanden und könnten kurzfristig in Betrieb genommen werden. Der Samtgemeindeausschuß bitte deshalb die Landesregierung, sich bei Verhandlungen mit der DDR für eine derartige Fährverbindung einzusetzen. Als langfristige Maßnahme unterstütze die Samtgemeinde Gartow die Forderung nach dem Wiederaufbau der Dömitzer Brücken, um eine schnelle Verbindung des Landkreises Lüchow-Dannenberg nach Berlin zu schaffen.

Die Resolution fand nach eingehender Diskussion die Zustimmung des gesamten Rates. In der Aussprache bedauerten Ulrich Flöter und Horst Schulz, daß weder eine eventuell mögliche Öffnung der sogenannten „Königsbrücke“ bei Kapern noch ein Grenzübergang über die Elbe bei Schnackenburg in Betracht gezogen wurde.

Daß die Bevölkerung Lenzens die Wiederinbetriebnahme der ehemaligen Fährstelle bei Elbkilometer 484,5 wünscht, wußte der stellvertretende SG-Direktor Axel Müller zu berichten. Eine Autofähre im Falle der Öffnung und bei gesicherter Finanzierung brachte Klaus Wohler ins Gespräch, der für den Fall einer Aufnahme des Fährbetriebes einen Bustransfer von der Fährstelle nach Gartow anregte.

Wenn die DDR bereit sei, die Lenzener Fähre zu schaffen, müsse die bundesdeutsche Seite Sorge dafür tragen, daß die Bürger „rüber können“, sagte Ulrich Flöter. Die für diese Angelegenheit von historischer Bedeutung zuständigen Behörden müßten die örtlichen Gegebenheiten prüfen und dann ein entsprechendes Fährschiff besorgen. Die Voraussetzungen für eine Wiederinbetriebnahme müßten auf jeden Fall geschaffen werden, „koste es, was es wolle“.

In bezug auf die Lenzener Fähre überschlügen sich die Ereignisse, berichtete Samtgemeindebürgermeister Klaus Legner. Am 15. November habe der SG-Ausschuß die vorliegende Resolution beschlossen, inzwischen hätten bereits mehrere Gespräche mit Lenzens Bürgermeister Voss stattgefunden. Dieser habe sich auch auf bundesdeutscher Seite die alte Fährstelle angesehen. Inzwischen habe Voss aus Ost-Berlin „grünes Licht“ für eine Fährverbindung erhalten und die DDR-Grenzkommission sich ebenfalls dafür ausgesprochen. Seit Voss' letztem Besuch am Buß- und Bettag sei eine Lenzener Fähre keine Illusion mehr.

Auf Einladung der Samtgemeinde Gartow halte sich vom 12. bis 14. Dezember Bürgermeister Voss und ein Teil des Lenzener Stadtrates im Gartower SG-Bereich auf, fügte Legner hinzu. Dann wolle man auch über eine von Lenzener Seite angeregte Partnerschaft des Elbestädtchens mit Gartow diskutieren. -ab-

„Rockröhre" aus der DDR in Langendorf umjubelter Star

Jugendliche aus Ost und West von Petra Zieger begeistert

Langendorf. Am vergangenen Sonnabendnachmittag waren sie die ersten DDR-Musiker, die über den Grenzübergang Schmarsau/Schrampe in den Landkreis Lüchow-Dannenberg einreisten, am selben Abend wurde der Auftritt von „Petra Zieger und Band" in der Langendorfer Diskothek „Lucifer" zum umjubelten Popkonzert der Extraklasse. Bereits nach wenigen Minuten sprang der Funke von der „Tina Turner des Ostens" auf das Publikum über.

Mit Petra Zieger setzte „Lucifer" die vor zwei Jahren zum Gartower Seefest begonnene Verpflichtung international renommierter DDR-Bands fort. Nach „Karat", den „Puhdys", „City" und „Rockhaus" war die aus der in Erfurt geborenen Sängerin, Baßgitarrist Wolfram Schäfer, Keyboarder Andreas Schulte, Gitarrist Andreas Hoge und Schlagzeuger Peter Traudte bestehende Formation nun bereits die fünfte Gruppe aus dem anderen Teil Deutschlands, die im „Lucifer", beziehungsweise vorher schon beim Seefest, ihre musikalische Visitenkarte abgab.

Ihre aktuelle Langspielplatte „Katzen bei Nacht", in den DDR-Charts seit Wochen auf den vorderen Plätzen zu finden, stellte Petra Zieger in Langendorf vor. Nahezu ein „Heimspiel" war es für sie: Neben zahlreichen Jugendlichen aus dem hiesigen Landkreis jubelten der Sängerin weit über 100 junge Leute aus der DDR zu, denen der Veranstalter freien Eintritt gewährt hatte.

Schon im ersten Titel „Wolkenkinder" zeigte die Gruppe, warum sie in der DDR zur Pop-Elite gehört. Stimmintensiv und bewegungsdynamisch agierte „Rockröhre" Petra Zieger auf der Bühne, eindrucksvoll unterstützt von Wolfram Schäfer und Andreas Hoge. Tina Turner ließ grüßen.

Gradlinig und diszipliniert arbeitete die Band, zum Mitmachen regte der Rhythmus an. In Liedern wie „Wolkenkinder", „Der Himmel schweigt" oder „Meine Zeit" sang Petra Zieger von Gefühlen, Träumen und Problemen junger Menschen. Das ewig aktuelle Thema Liebe sparte die blonde Schöne keineswegs aus, sondern handelte es auf sehr individuelle Weise ab.

Nach zweistündiger harter Arbeit – fünf Zugaben hatte man gegeben – verließen Petra Zieger und Band die Bühne. Überrascht waren die Musiker über den emotionalen Zuspruch des Publikums. Schon während des Konzerts wurden ihnen Stofftiere, Blumen, T-Shirts und Süßigkeiten auf die Bühne gereicht. Spontan revanchierte man sich nach dem Auftritt mit einer Autogrammstunde.

Wegen des großen Erfolges wird die Gruppe schon in den nächsten Wochen zum zweiten Mal in Langendorf gastieren. Eine weitere Verpflichtung von „Petra Zieger und Band" ist dem Veranstalter für Anfang kommenden Jahres gelungen. -ab-

IHR KONZERT kam an: Petra Zieger und Band aus der DDR konnten im Langendorfer „Lucifer" erst nach fünf Zugaben die Bühne verlassen. Aufn.: A. Blütling

Unzensierte Zeitung geplant

Initiative des Neuen Forums Salzwedel – Infoblatt erschienen

Lüchow. Das Neue Forum in Salzwedel hat die Herausgabe „einer unabhängigen altmärkischen Regionalzeitung" angekündigt. In Kürze solle die Lizenzerteilung für die „Altmarkzeitung" in Berlin beantragt werden, teilt das Neue Forum in seinem vor kurzem erschienenen „Info-Blatt Nr. 1" mit.

Am 16. November, so heißt es dort, habe sich eine Bürgerinitiative zur Gründung der Zeitung konstituiert. „In ihr vereinen sich ein Großteil der politischen Parteien und Massenorganisationen sowie das Neue Forum. Mit dieser Zeitung wird eine umfassende, detaillierte, von der SED ohne Zensur versehene Information und Berichterstattung angestrebt", berichten die Herausgeber der Information.

Aufgabe der „Altmarkzeitung" solle es sein, im Vorfeld der freien Wahlen die Bürger über die Arbeit und Konspekte der Parteien zu informieren. „Weiterhin sollen in dieser Zeitung lokale Probleme real und unverschönt aufgegriffen werden. Diese Zeitung soll für jeden Bürger und jede Organisation offen sein", schreiben die Initiatoren. Gleichzeitig rufen sie alle Bürger auf, „die Gründung ihrer eigenen Zeitung mit Spenden zu ermöglichen". Als Kontaktadresse wird das Kulturbundhaus in Salzwedel, Reichestraße 12, genannt.

Ferner wird in diesem ersten Infoblatt ein Beschluß der Synode des Kirchenkreises Salzwedel wiedergegeben, die den Kreistag Salzwedel aufgefordert hat, umgehend einen unabhängigen Ausschuß zu bilden, „der den Mißbrauch von Macht und persönliche Bereicherung sowie wirtschaftsschädigendes Verhalten aufdeckt und zur Anzeige bringt mit dem Ziel, daß belastete Personen nicht in ihren Ämtern verbleiben oder mit neuen Leitungsfunktionen beauftragt werden". Dem Ausschuß sollten mindestens zwei Personen sowohl vom Neuen Forum als auch von der Synode des Kirchenkreises Salzwedel angehören.

Die Herausgeber wenden sich weiter gegen die Einrichtung eines Alterspflegeheimes im ehemaligen Armeeobjekt in Ritze, geben einen Öko-Tip zum umweltfreundlichen Heizen und veröffentlichen in gekürzter Form Forderungen der AG Kultur an den Rat des Kreises, den ersten Sekretär der SED-Kreisleitung und die Stadträtin für Kultur zu kulturellen Umgestaltungen. In diesem Zusammenhang wird die sofortige Ablösung des Ratsmitgliedes für Kultur, Hans Beushausen, als notwendig herausgestellt.

Wörtlich heißt es in dem Infoblatt: „Sein Leitungsstil, sein dogmatischer Umgang mit ihm unterstellten und nicht unterstellten Leitern, seine Inkompetenz und die ihm eigene Art, sich und mit ihm befreundete Personen in den kulturellen Mittelpunkt zu stellen, obwohl ein weitaus beachtenswerteres künstlerisches und kulturelles Potential verfügbare wäre, haben seine Nichteignung mehr als bewiesen."

Herausgeber des Infoblattes ist die Arbeitsgemeinschaft Öffentlichkeitsarbeit des Neuen Forums Salzwedel. „Die Redakteure haben sich das Ziel gesetzt, sachlich über die Arbeit des Neuen Forums zu berichten und aktuelle Probleme aufzugreifen", ist am Ende der vierseitigen Information im DIN-A 4-Format zu lesen. Am morgigen Freitag werden die Mitglieder der AG ein Büro in der Goethestraße 17 in Salzwedel beziehen.

-ür-

Rat kritisiert Schilderaktion

Gemeinde rügt beschämende Hinweise

Schmarsau. Der Rat der Gemeinde Lemgow hat die Schilderaktionen einiger Anwohner in der Arendseer Straße in Schmarsau verurteilt. In einem einstimmig gefaßten Ratsbeschluß äußern die Gemeindevertreter ihr Unverständnis für diese Reaktionen. Sie weisen darauf hin, daß es sich hierbei um Äußerungen einiger weniger Bürger handelt und sich die meisten Schmarsauer mit den auf den Schildern wiedergegebenen Texten nicht identifizieren.

Auf den inzwischen auf Privatgrundstücken stehenden Tafeln bringen ein paar Anwohner ihren Unmut über die Folgen der durch die Öffnung des Grenzüberganges ostwärts Schmarsau ausgelösten Verkehrsströme zum Ausdruck. Diese deutlich an die Adresse der einreisenden Besucher aus der DDR gerichteten Hinweise empfindet der Rat ebenso wie der weitaus größte Teil der Bevölkerung als beschämend. Man sei erschüttert darüber, daß gerade Menschen, die jahrelang die Folgen der Trennung durch Metallgitterzaun und Schießanlagen vor Augen hatten, nun nicht bereit sind, für die Reisefreiheit der DDR-Bürger einige Nachteile in Kauf zu nehmen, und Transparente mit eigensinnigen Texten öffentlich präsentieren. Der Rat appelliert an die Bevölkerung des Lemgow, Verständnis für die Situation der Besucher zu zeigen und sie nicht durch egoistische Äußerungen zu enttäuschen.

Gegenüber der EJZ wies Bürgermeister Werner Beyer darauf hin, daß für die Zukunft mit mehr Verkehr im Lemgow gerechnet werden müsse. In der kommenden Woche solle die Arendseer Straße in Schmarsau bis zum Grenzübergang ausgebaut werden. Dem Vorwurf, zuständige Behörden reagierten nicht auf Anregungen aus der Bevölkerung, hielt der Bürgermeister die Tatsache entgegen, daß sich sowohl die Kreisverwaltung als auch die Straßenbauverwaltung frühzeitig mit dem Ausbau dieser Strecke befaßt haben. Die Planung sei parallel zur Öffnung dieses Grenzüberganges unverzüglich eingeleitet worden.

-ür-

BI: Neues Forum gegen „Gorleben“

Forderung: Neuer PKA-Erörterungstermin

Lüchow. Die direkte Kontaktaufnahme der Bürgerinitiative Umweltschutz Lüchow-Dannenberg zum Neuen Forum in Salzwedel nach Öffnung der Grenze, unter anderem bezüglich der Gorlebener Atomanlagen, hat zu ersten Resultaten geführt. Laut BI-Sprecher Wolfgang Ehmke werden zehn DDR-Bürger im nachhinein ihr Recht in Anspruch nehmen, in den atomrechtlichen Genehmigungsverfahren zu den Gorlebener Anlagen Einwendungen zu erheben und als Kläger aufzutreten. Das Neue Forum Salzwedel werde als Organisation der Klage beitreten. Listen für Sammeleinwendungen seien in Salzwedel, Stendal und Lenzen im Umlauf.

Die BI hat in einem Flugblatt die DDR-Bürger auf die Gorleben-Problematik aufmerksam gemacht: 70 Prozent der Bevölkerung im 50-km-Radius um Gorleben leben in der DDR. Daß diese wegen der hermetischen Abriegelung der Grenze bis zum 9. November sich nicht gegen die Anlagen zur Wehr setzen konnten, sei – so behauptet die BI – „den Regierenden ganz recht“ gewesen. Durch die Öffnung der Grenze haben sich aus Sicht der hiesigen Bürgerinitiative „auch die Chancen zur Verhinderung der Gorlebener Atomanlagen über Nacht verändert“.

Die BI erinnert daran, daß bereits im Mai 1988 zum atomrechtlichen Erörterungstermin in Sachen Pilotkonditionierungsanlage (PKA) erstmals vier Einwendungen von DDR-Bürgern vorlagen.

Nach einem Besuch in Salzwedel hielt BI-Sprecher Ehmke fest: „Der menschenverachtende Zynismus von Atomindustrie und niedersächsischer Landesregierung, die DDR stets als ‚weißen Fleck‘ im Umfeld der Gorlebener Atomanlagen zu kartieren, hat bei unseren Gesprächspartnern in der DDR einhellige Empörung ausgelöst.“ Aber der Nachholbedarf im Wissen um die Probleme der nuklearen Entsorgung sei immens.

Die BI fordert für die PKA den sofortigen Abbruch jeglicher Bauvorbereitungsmaßnahmen, weil die Nachbarn in der DDR keine Möglichkeit hatten, auf dem Erörterungstermin im Mai 1988 ihre Bedenken vorzutragen.

Ein neuer Erörterungstermin könne erst nach einer angemessenen Frist, nach umfassender Information und Beratung stattfinden.

Die Anwälte der Bürgerinitiative Umweltschutz Lüchow-Dannenberg werden laut Ankündigung der BI unverzüglich Rechtsmittel einlegen.

Die neuerlichen Einsprüche beziehen sich auch auf die Einlagerungsgenehmigung im Brennelement-Zwischenlager.

Geschäftspartner DDR

Neue Arbeitsgruppe will Kontakte knüpfen

Lüchow. Die durch die Grenzöffnung „einmalige wirtschaftliche Chance für den grenznahen Raum“ will die private Arbeitsgruppe „Lüchow öffnet seinem Umland neue Geschäftsfelder“ (LösUnG) nutzen.

Initiatoren sind das Böseler Ingenieurbüro Waßmuth und die Saaßer Installationsfirma Bätge, die mit „LösUnG“ wirtschaftliche Aktivitäten bündeln, sie abstimmen und Erfahrungen mit den neuen Geschäftspartnern austauschen wollen. Vor allem will die Arbeitsgruppe in der DDR Hilfe zur Selbsthilfe auf unterer und mittlerer Ebene sowie einen Beitrag zur Modernisierung und Rationalisierung der maroden DDR-Wirtschaft leisten.

Geplant ist, daß die Arbeitsgemeinschaft in der Rechtsform eines eingetragenen und gemeinnützigen Vereins operiert. Bereits in der Gründungsphase befindet sich eine Salzwedeler Niederlassung des Ingenieurbüros Waßmuth, über das in einem „legalen und wirtschaftlich sauberen Rahmen“ Kontakte zu grenznahen DDR-Betrieben abgewickelt werden können.

Ein erstes Treffen interessierter Betriebsinhaber soll noch im Dezember stattfinden. Die Initiatoren hoffen auch auf die Teilnahme des Landkreises und der Stadt Lüchow. Die Einladungen erfolgen persönlich, Listen, in denen sich Interessenten eintragen können, liegen im Amt für Wirtschaftsförderung im Kreishaus aus.

Besuch in Zahlen

Übergang Bergen hatte meisten Verkehr

Lüchow. Von den drei Fähren nach Lüchow-Dannenberg war die zwischen Lenzen und dem Höhbeck am Wochenende die meistbenutzte. Rund 3 600 DDR-Bürger setzten am Sonnabend von Ost nach West über, 1875 am Sonntag.

In Neu Darchau herrschte am Sonnabend Großandrang an der Fähre; 3 407 Fahrgäste wurden gezählt, am Sonntag in anbetracht des Nebels nur noch 271. Nach Hitzacker setzten Sonnabend 1702, am Sonntag 836 DDR-Bürger über.

Von den beiden Straßenübergängen hatte Bergen an diesem Wochenende etwas mehr Verkehr zu bewältigen als Schmarsau. In Bergen wurden am Sonnabend 10 178 einreisende Besucher aus der DDR gezählt, am Sonntag (bis gegen 18 Uhr) 2 199, in Schmarsau waren es am Sonnabend 9 931, am Sonntag 2 046.

An den Zahlstellen für das Begrüßungsgeld herrschte am Wochenende vergleichsweise geringer Andrang. Auch in Pevestorf, wo die Samtgemeinde im „Lindenkrug“ eine Kasse eingerichtet hatte, war es vergleichsweise ruhig, da viele DDR-Bürger schon bei Besuchen in den zurückliegenden Tagen ihre 100 DM entgegengenommen hatten. Dort und in der Samtgemeindeverwaltung in Gartow wurden am Wochenende etwa 20 000 DM ausgezahlt.

(EJZ v. 4. 12.)

Tränen und ein Kranz aus Würsten

Ministerpräsident Ernst Albrecht bei Eröffnung der Fähre Lenzen–Pevestorf

Pevestorf. „So ein Tag, so wunderschön wie heute." Das sangen die Lenzener, als sie am Sonnabend um 10 Uhr auf dem jenseitigen Elbufer auf die erste Fähre nach Pevestorf warteten, das sangen sie an Bord der „Lüneburger Heide", und das schmetterte ihnen am Höhbeckufer vom Spielmannszug Gartow entgegen – Hochstimmung auf beiden Seiten der Elbe bei der Eröffnung der nunmehr dritten Fährverbindung zwischen der DDR und Lüchow-Dannenberg. Ein „großer Bahnhof" wurde den Einwohnern der Prignitz schon auf ihrem Ufer zuteil: An Bord der „Deutschland" waren Ministerpräsident Ernst Albrecht, Landtagsabgeordneter Kurt-Dieter Grill, Vertreter des hiesigen Landkreises, der Samtgemeinde Gartow und der Gemeinde Höhbeck dem Fährschiff vorausgefahren. Ungehindert konnten sie am DDR-Ufer von Bord gehen und erst den Offiziellen vom Rat des Kreises Ludwigslust und Vertretern der Stadt Lenzen, dann den vielen Bürgern, die um 10 Uhr ans Ufer strömten, die Hände schütteln.

Für Volksfeststimmung während des Wartens auf die mit etwas Verspätung durch den dicken Nebel anlegende „Lüneburger Heide" sorgte vor allem das „Himmelfahrtskommando" des Laaslicher Karnevalsvereins, so benannt nach dem traditionellen Himmelfahrtsausflug dieser Gruppe. Schwarze Zylinder mit roten Bändern umwunden, schmetterten sie ihre Freude zu Akkordeonbegleitung eins ums andere Mal heraus: „So ein Tag . . ." Da stimmten auch die „Westler" mit ein, wurden Sektflaschen geköpft, der Ministerpräsident mit Bockwürsten umkränzt als wär's ein Blütenkranz auf Hawaii, da flossen Freudentränen, und Ministerpräsidentengattin Heide-Adele Albrecht erhielt als Andenken ein Stück Stacheldraht von der Grenzbefestigung.

Für offizielle Worte bot diese Euphorie keinen passenden Rahmen, entsprechend hielten sich die Volksvertreter aus West und Ost damit zurück bis zum Emp-

DIE LUSTIGSTEN an Bord der „Lüneburger Heide" waren die Männer vom Laaslicher Karnevalsverein, die am Anleger Pevestorf zu den ersten gehörten, die von Bord gingen, singend und mit Akkordeonspiel. Aufn.: K. Schmidt

VOLKSFESTSTIMMUNG herrschte am jenseitigen Elbufer beim Warten auf die Fähre. Ministerpräsident Ernst Albrecht wurde mit Bockwürsten bekränzt, Deibower grüßten auf einem Transparent die Freiheit und zeigten einen Galgen für „Honi und Co" (Fotos Seite 60). Gartows SG-Bürgermeister Klaus Legner wurde herzlich vom Lenzener Bürgermeister Frank-Michael Voß (links) willkommen geheißen. 3 Aufn.: R. Stremmler

fang im „Haus des Gastes" in Gartow. Bis dahin verging jedoch noch einige Zeit: Über den schmalen Steg füllte sich die „Lüneburger Heide" nur allmählich, und da in der Hochstimmung des Tages die Disziplin des Anstellens wohl vergessen wurde, gab es ein heftiges Gedränge, dessen die Vertreter der Ordnungsbehörden nur mit Mühe Herr wurden. So mancher Jackenknopf riß ab in dem Gestoße und Geschiebe. Als die große Fähre endlich ablegte, setzte die parallel des großen Andranges wegen verkehrende „Deutschland" schon zum zweiten Mal über.

Eine wahre Völkerwanderung begab sich vom Anleger unterhalb des Höhbecks auf den Weg nach Pevestorf. An die 2 000 DDR-Bürger wurden in den ersten zwei Stunden nach Aufnahme des Fährbetriebes übergesetzt. Busse fuhren sie weiter bis nach Gartow, für manche reichte fürs erste Mal jedoch schon aus, den Fuß überhaupt am diesseitigen Elbufer an Land setzen zu dürfen. Einige hatten, des Sperrgebietes wegen, die Elbe überhaupt noch nicht gesehen.

Als einen „historischen Augenblick" würdigte im Gartower „Haus des Gastes" beim offiziellen Treffen der Volksvertreter von beiden Seiten der Elbe Gartows Samtgemeindebürgermeister Klaus Legner die Wiederaufnahme des Fährbetriebs. Seine Perspektive von der neuen Situation: Es wird sich eine Verbindung über die Elbe aufbauen, wie sie früher gewesen ist. Die Gartower seien stets nach Lenzen und Wittenberge orientiert gewesen, kaum nach Lüchow oder Lüneburg. Für die Zukunft erhofft Legner eine Lastenfähre, die auch Autos befördern kann, denn der Pendelbusverkehr – derzeit eben-

Pendelbusverkehr – derzeit ebenso wie die Fähre von der Samtgemeinde und dem Landkreis in Vorlage auf die erwarteten Landes- oder Bundesmittel finanziert – sei nicht auf immer aufrechtzuerhalten. Beifall insbesondere auch von den Gästen aus der DDR erhielt der SG-Bürgermeister für die Äußerung, er hoffe, dann auch vom diesseitigen Ufer mit dem Auto nach Lenzen fahren zu können.

Landrat Werner Meiner äußerte seine außerordentliche Freude an diesem Tag, nachdem er in seinem 40jährigen kommunalpolitischen Wirken auch hatte miterleben müssen, wie seinerzeit die jetzt geöffneten Zäune errichtet wurden. „Hier war das Ende des freien Europa, dort fing die Unfreiheit an – über Nacht ist alles anders geworden!" Auf dem Weg, zu einem vereinten Volk zu werden, müsse man die Entwicklung in Ruhe wachsen lassen, mahnte er.

Für Gunter Hingst, Bürgermeister der Gemeinde Höhbeck, ist am Sonnabend ein 40jähriger Traum in Erfüllung gegangen: „Die Elbgrenze trennt nicht mehr", führte er aus. Das Elbufer habe viele Tränen der Trauer gesehen, jetzt flössen die Tränen der Freude.

„Das sind Tage, die man nicht vergißt", bekundete Ministerpräsident Albrecht. Nach kurzer Erinnerung seines Einsatzes um die Elbgrenze und die Elbe – „ohne Positionen aufzugeben" – bekannte er: „Es sind die Menschen der DDR, die das auf den Weg gebracht haben. Wir bedanken uns bei ihnen, daß sie die Grenze offen gemacht haben!" Sprach's und übernahm die Zeche des Tages, bevor er abreiste.

Unter den „Offiziellen" aus der DDR, die dieser Gesprächsrunde beiwohnten, waren unter anderem Kurt Draheim, Vorsitzender des Rates des Kreises Ludwigslust, und andere Ratsvertreter sowie der Stadtrat aus Lenzen mit Bürgermeister Frank-Michael Voss an der Spitze. Letzterer hatte wesentlichen Anteil am schnellen Zustandekommen der Fährverbindung, was ihm die Lenzener Bürger – bei aller Ablehnung gegenüber der SED, die in vielen Gesprächen geäußert wurde – hoch anrechnen, wie viele spontane Dankesbezeugungen bewiesen. Im direkten Telefonat mit DDR-Ministerpräsident Modrow und dem DDR-Verkehrsminister hat Voss die bis zwei Tage vor der Fahrt der ersten Fähre noch ungelösten Fragen klären können.

Gegenüber der EJZ äußerte sich der Lenzener Bürgermeister überzeugt, daß es zu einem dauerhaften Fährbetrieb zwischen Lenzen und Pevestorf kommen wird. Vorerst wird die „Lüneburger Heide" nur an den Wochenenden übersetzen, zusätzlich wird mittwochs die „Deutschland" als Fähre eingesetzt. Auf Bitten der DDR-Behörden soll wegen Beleuchtungsproblemen der Fährverkehr auf die Zeit von 9 bis 17 Uhr beschränkt werden.

Im Mai 1945, so erinnerten sich ältere Höhbecker, war dort zuletzt eine Fähre gefahren. Sie hatte ehemalige Kriegsgefangene, darunter einige, die auf hiesigen Höfen arbeiten mußten, übergesetzt.

Im kommenden Jahr dürfte es groß etwas zu feiern geben an den Fähranlegern: Ein im vergangenen Jahr in Lenzen aufgefundenes Dokument, das älteste aus der Stadtgeschichte überhaupt, belegt für das Jahr 1490 schon einen Fährbetrieb an jener Stelle. Damit kann im kommenden Jahr das 500jährige Bestehen dieser Fährstelle begangen werden. -rst-

Weihnachtsmarkt im Zeichen der Begegnung

Musiker aus Dömitz und Kaarßen spielten

Hitzacker. Von deutsch-deutscher Begegnung geprägt war der Weihnachtsmarkt am Wochenende in Hitzacker. Das vorweihnachtliche Element wurde insbesondere von Gästen aus der DDR geprägt: Am Sonnabend spielte die Blaskapelle Kaarßen am Brunnen vorwiegend adventliche Melodien, mit Rhythmen aus dem breiten Feld der Unterhaltungsmusik wartete am Sonntag die Kapelle des Werks für elektronische Bauelemente aus Dömitz auf.

Die KEB-Musiker wollten mit dem Auftritt ihren Beitrag zum gegenseitigen Kennenlernen beisteuern; die Weihnachtsmarktbesucher waren dankbare Zuhörer. Unermüdlich trotz des naßkalten Wetters blieben die Musiker von drüben am Brunnen.

Auch die Bürgermeister der Gemeinden Kaarßen, Salomon, und Lübtheen, Rotter, nutzten den Weihnachtsmarkt zu Gesprächen mit ihrem Hitzackeraner Amtskollegen Christian Zühlke. Von beiden Gemeinden wurde Interesse an einer wie immer gearteten Partnerschaft mit dem Elbestädtchen bekundet.

In der Eröffnung des gutbesuchten Weihnachtsmarktes hatte Christian Zühlke die Begegnung von Menschen aus den beiden deutschen Staaten herausgestellt. Wenn die aktuelle Entwicklung so weitergehe, befand er, werde bald nicht mehr das Reden über Grenzen im Mittelpunkt stehen, sondern es werden Verhältnisse entstehen, wie man sie zwischen Bürgern zweier deutscher Staaten als normal bezeichnen kann.

Viele Hitzackeraner Bürger griffen spontan in die Tasche bei einer Sammlung, mit der es ermöglicht wurde, daß Kinder aus der DDR kostenlos mit der Minieisenbahn auf dem Weihnachtsmarkt fahren konnten.

Ein Hamburger Fischmarkthändler, der Apfelsinen feilbot, war stets dicht umlagert, und auch ein Anbieter von Korbwaren erfreute sich eines regen Kundenandranges.

Daß die Stände mit warmen Getränken und die Imbißbuden guten Umsatz hatten, versteht sich angesichts der winterlichen Temperaturen am Wochenende von selbst.

Die Fähre konnte wegen des dichten Nebels am Sonntag erst gegen zwölf Uhr zum ersten Mal übersetzen. Bei ihrer zweiten Passage brachte die „Drawehn" den 10 000. Fahrgast seit Aufnahme des Fährbetriebes mit: Corinna Thüne wurde vom Bürgermeister mit einer Flasche „Hiddesackers Weinbergströpfchen", Jahrgang 1983, und einem Gutschein bedacht. -rst-

Fähre ab Dömitz startet heute

DDR öffnet Grenzübergang – Gestern Probefahrt über die Elbe

Kaltenhof. Pünktlich um 9.45 Uhr wird das Schiff „Elbe Star" am heutigen Donnerstag in Kaltenhof ablegen, um am jenseitigen Ufer bei Dömitz DDR-Bürger aufzunehmen und zum Besuch in die Bundesrepublik zu bringen. Die Entscheidung zur Öffnung des neuen Grenzüberganges wurde den hiesigen Offiziellen gestern übermittelt. Stellvertretenden Landrat Klaus Wojahn und Dannenbergs Bürgermeister Hermann Predöhl erreichte die erfreuliche Nachricht nachmittags an Bord der Fähre, die gestern zu einer Probefahrt zwischen Kaltenhof und Dömitz verkehren durfte.

Vertreter von DDR-Dienststellen, Bürgermeister Torsten Rudolf aus Dömitz sowie sein Langendorfer Amtskollege Willi Hinzmann, aus Dannenberg stellvertretender Stadtdirektor Erich Krüger, der Leiter der Polizei in Dannenberg, Norbert Lüdemann, und der Leiter des Außenbezirks Hitzacker des Wasser- und Schiffahrtsamtes Lauenburg, Carsten Oehlers, zählten zu denen, die sich an beiden Ufern davon überzeugen, daß alle technischen Voraussetzungen für die deutsch-deutsche Verbindung gegeben sind. In sehr freundlicher Atmosphäre verliefen die Gespräche auf dem Schiff; der Eindruck des Beobachters: Beide Seiten sind froh darüber, daß das „Schweigen an der Elbe", wie es ein DDR-Offizier ausdrückte, der Vergangenheit angehört. Das erste Ziel der Besucher aus der DDR, die heute nach Kaltenhof kommen, wird gewiß der Dannenberger Weihnachtsmarkt sein. Dieses Stadtfest können die Bürger vom anderen Ufer mit einem eigens für sie eingerichteten Buspendeldienst ab Kaltenhof erreichen. In der Jeetzelstadt gibt es Gelegenheit, vorweihnachtliche Atmosphäre zu schnuppern, neue Kontakte zu knüpfen oder alte wieder aufleben zu lassen. Als „deutsch-deutsche Begegnungsstätten" in Dannenberg sind geöffnet: Das Jugendzentrum, das evangelische Gemeindehaus an der Johanniskirche, das Ohmsche Haus am Thielenburger See und die Wache der Feuerwehr am Kuhmarkt. An jenen Treffpunkten stehen Vertreter der Dannenberger Vereine und Organisationen zum Gespräch bereit, wie z. B. Mitglieder der Feuerwehr, des DRK, der Sportvereine, der Schützengilde, des Reit- und Fahrvereins, und auch die Landfrauen werden zugegen sein. An Toiletten für die Marktbesucher besteht in Dannenberg kein Mangel; benutzt werden können z. B. die WCs im Arbeitsamt, in der Kreissparkasse, im Haus der Feuerwehr, im Hotel Ratskeller und das „öffentliche Örtchen" gegenüber dem Busbahnhof.

Aufgrund der Grenzöffnung bei Dömitz und des zu erwartenden Besucherzustroms wird der Dannenberger Weihnachtsmarkt heute erst um 13 Uhr vor dem alten Rathaus eröffnet. Eine weitere Änderung, diese jedoch mit traurigem Hintergrund: Die Musikdarbietung der Kaarßener Blasmusik, geplant für Freitag, 14 Uhr, fällt aus; der Leiter der DDR-Musikanten ist verstorben. Die Darbietung der Gruppe „County West" beginnt bereits am Freitag um 16 Uhr.

Für die Fahrzeiten der „Elbe Star" zwischen Dömitz und Kaltenhof gibt es vorerst noch keine konkreten Regelungen, sie dürften sich aber zwischen 9 und 17 Uhr „einpendeln". -jg-

AM DÖMITZER UFER legte die „Elbe Star" gestern nach einer Probefahrt an. Offizielle von hüben und drüben, unter ihnen stellvertretender Landrat Klaus Wojahn (3. von links) besprachen die technische Abwicklung des Fährbetriebs. Aufn.: H. Jung

„So ein Tag, so wunderschön"

Fährverbindung Dömitz–Kaltenhof – Herzliche Atmosphäre

Dömitz. An Bord des Motorschiffs „Elbe Star" sangen es die Besucher aus Dömitz, an Land wurde es geblasen, und noch auf dem Dannenberger Weihnachtsmarkt spielte es ein Gast aus der DDR auf dem Schifferklavier: „So ein Tag, so wunderschön wie heute . . ." Jene altvertraute deutsche Weise drückte schlicht aber treffend aus, was die vielen Menschen fühlten, die gestern bei strahlendem Sonnenschein mit der ersten Fähre um 10 Uhr vom jenseitigen Ufer in Richtung Kaltenhof fuhren. Frohe Stimmung herrschte an Bord, Sektkorken knallten, Deutsche von drüben umarmten Deutsche von hüben – eine herzliche Atmosphäre!

Nicht minder freundlich waren die Kontakte zwischen Vertretern von Dienststellen der Deutschen Demokratischen Republik und hiesigen Offiziellen. Am DDR-Ufer überreichten stellvertretender Landrat Ulrich Flöter, Dannenbergs Samtgemeindebürgermeister Klaus Wojahn und Bürgermeister Hermann Predöhl den ersten Gästen aus Dömitz Blumensträuße.

In seinem Grußwort am Dömitzer Anleger rief Ulrich Flöter aus: „Ich hoffe, daß uns eines Tages auch die Brücke wieder verbindet." Freude über die neue Möglichkeit der Begegnung durch den gestern geöffneten Grenzübergang Dömitz klang auch aus dem Willkommen, das Kreisratsmitglied Schwampe vom DDR-Kreis Ludwigslust an die Lüchow-Dannenberger Repräsentanten richtete.

Die DDR-Bürger, die von Dömitz her in Richtung Fährschiff strömten, wurden musikalisch auf die kurze Reise über die Elbe eingestimmt: Auf dem Dömitzer Deich – ja, wirklich dort! – standen die Mitglieder des Langendorfer Blasorchesters und ließen ihre Instrumente ertönen. In „Blaspausen" unterhielten sich die Musikanten zwanglos mit Angehörigen der DDR-Grenztruppen; auch auf dem Deich: freundliche deutsch-deutsche Atmosphäre.

An Bord gekommen, erhielten die Gäste aus der DDR eine nette Erinnerung an den großen Tag: Michael Lenke verteilte „Urkunden", von Dannenbergs Bürgermeister Predöhl und seinem Dömitzer Amtskollegen Torsten Rudolf unterschrieben, auf denen als „Bekanntmachung der Städte Dannenberg und Dömitz" unter anderem zu lesen ist: „Es wird vom 7. Dezember 1989 an abgefertigt die Personenfähre zwischen Kaltenhof und Dömitz ab 10 Uhr vormittags. Weitere Fahrten erfolgen im Ablauf des Tages nach Bedarf." Unter den Leuten auf dem Schiff: Willi Becker, der von 1932 bis 1935, ehe die Dömitzer Brücke gebaut wurde, die Fähre zwischen Dömitz und Kaltenhof steuerte.

Jubelnd begrüßte eine große Menge Lüchow-Dannenberger die Gäste am hiesigen Ufer. Männer der Freiwilligen Feuerwehr Langendorf versorgten die Ankommenden mit heißen Getränken, und dann ging's per Bus nach Dannenberg, hin zum Weihnachtsmarkt. Posaunen erschallten, Kinder sangen, Bürgermeister Hermann Predöhl begrüßte vor allem die Besucher aus Dömitz sehr herzlich, der Weihnachtsmann erfreute die Kinder mit Apfelsinen: Der Bummel durch die festlich geschmückte Jeetzelstadt konnte beginnen!

Reichlich gab's zu besehen, zu kaufen, zu genießen. DDR-Bürger konnten an mehreren Ständen die Portion Eintopf für eine Mark (Ost) bekommen, und ein deutsch-deutsches Thema hatte sich auch die CDU für ihren Stand gewählt: Sie verkaufte Lose, in Walnüssen verborgen, und der Erlös dieser Tombola kommt dem Kindergarten in Dömitz zugute. Wärmendes war gestern vor allem gefragt: wärmende Wollsocken, Jacken, wärmender Kaffee und Glühwein, und wem all das nicht half, dem wurde spätestens dann warm ums Herz zumute, wenn er auf dem Marktplatz miterleben konnte, wie sich Menschen von hüben und drüben in die Arme nahmen, miteinander das Glas erhoben, und der Mann mit der Ziehharmonika spielte dazu: „So ein Tag, so wunderschön wie heute." -jg-

AM DÖMITZER ANLEGER (rechts) strömten die Menschen gestern auf das Fährschiff „Elbestar“. Nachts liegt das Schiff in Kaltenhof vor Anker, wo es durch Aggregate des THW beheizt wird. – **EINE CHRYSANTHEME** (Foto Seite 63) hatte jemand in den geöffneten Metallgitterzaun gesteckt, der nun nicht mehr die Menschen von hüben und drüben trennt. – **HERZLICH BEGRÜSST** wurden die DDR-Bürger am hiesigen Ufer von vielen Lüchow-Dannenbergern. Aufn.: K. Schmidt/H. Jung

AUF DEM DÖMITZER DEICH ließen die Männer des Langendorfer Blasorchester die Instrumente ertönen. Mit flotter Musik wurden die DDR-Bürger auf die Fahrt über die Elbe eingestimmt.

Dannenberger wollen in Dömitz für ein gesegnetes 1990 beten

Empfang für Vertreter des öffentlichen Lebens – Marktbummel

Dannenberg. Christen aus Dannenberg und Dömitz wollen am 1. Januar gemeinsam für ein gesegnetes neues Jahr beten; um 14 Uhr beginnt in der evangelischen Kirche zu Dömitz ein ökumenischer Gottesdienst, zu dem sich die Gläubigen aus der Jeetzelstadt mit ihren Nachbarn vom jenseitigen Ufer der Elbe treffen möchten. Dies vereinbarten Geistliche von hüben und drüben im Verlauf eines Empfangs, den Samtgemeinde und Stadt Dannenberg im Ohmschen Haus für Vertreter des öffentlichen Lebens aus Dömitz ausgerichtet hatten.

Die Dannenberger hoffen, daß es ihnen nach Inkrafttreten der von der DDR angekündigten Reiseerleichterungen gestattet ist, per Fähre von Kaltenhof gen Dömitz zu reisen. Notwendig ist für den Grenzübertritt voraussichtlich ein gültiger Reisepaß, so lauten die derzeitigen Informationen.

Überwiegend Repräsentanten der kommunalpolitischen Ebene, an ihrer Spitze der Dömitzer Bürgermeister Torsten Rudolf, kamen während des Treffens im Ohmschen Haus mit vielen Menschen zusammen, die in und um Dannenberg die Aktivität hiesiger Bürger verkörpern: Kommunalpolitiker, Vereinsvorsitzende, Schulleiter, Brandmeister und Behördenchefs.

Dannenbergs Samtgemeindebürgermeister Klaus Wojahn gab den Dömitzern eingangs ein wenig „kommunalpolitischen Unterricht", erläuterte die Zusammensetzung und Aufgaben der Gemeinderäte in Niedersachsen. Die Gäste erfuhren unter anderem, was Bürgermeister und Samtgemeindedirektor zu tun und zu lassen haben und wie die verschiedenen Parteien in den Dannenberger Räten vertreten sind. Der Empfang, so Klaus Wojahn, solle dazu dienen, Wege zu ebnen, Kontakte zwischen beiden Städten herzustellen und zu vertiefen, auf sportlicher und kultureller Ebene zum Beispiel.

Die Freude der Lüchow-Dannenberger über die geöffnete Grenze brachte Landrat Werner Meiner zum Ausdruck: „Man merkt nun wirklich, daß wir ein Volk sind, das man nicht auf ewig trennen kann." Der Landrat erinnerte sich an seine Kindertage: „Für uns Schüler war es damals so etwas wie eine Pflichtübung, mit der Elbfähre hinüberzufahren und das Denkmal für Turnvater Jahn in Lanz zu besichtigen." Es sei sehr schön, nach 40 Jahren kommunalpolitischer Tätigkeit die Öffnung der Grenze noch erleben zu dürfen, freute sich Meiner. Aus den Worten, die Dannenbergs Bürgermeister Hermann Predöhl an die Versammelten richtete, klang die Hoffnung darauf, daß bald wieder die Elbbrücke Dömitz und Dannenberg verbindet.

Für das herzliche Willkommen in der Jeetzelstadt bedankte sich Torsten Rudolf, 30 Jahre junger Bürgermeister der Elbestadt Dömitz, die rund 3 300 Einwohner zählt. Ein Großteil der Bevölkerung dort ist in der Industrie beschäftigt; zwei Fertigungsbetriebe bieten Arbeitsplätze: Der eine produziert im Bereich der Elektronik, der andere Holzerzeugnisse wie Schlitten, Turngeräte und dergleichen.

Angesichts der erwarteten Reiseerleichterungen bat Torsten Rudolf die Dannenberger, nun ihrerseits die Stadt am anderen Ufer zu besuchen. Zur politischen Lage in der DDR äußerte der Bürgermeister die Hoffnung, daß sich die weitere Entwicklung der Reformen in Ruhe und Besonnenheit vollziehen mögen.

Bei Kaffee und Kuchen saß man nach dem offiziellen Teil des Empfangs noch ein Weilchen zusammen, „Aktivisten" von Vereinen tauschten Erfahrungen aus; zu den Gästen zählte auch eine Abordnung der „Interessengemeinschaft zur Pflege der niederdeutschen Literatur" aus Dömitz. Schließlich wurde die „Diskussionsplattform" nach draußen verlegt: Lichter und Düfte der Innenstadt lockten zum Bummel über den Weihnachtsmarkt, und noch gegen Abend sah man Dannenberger und Dömitzer an diesem und jenem Imbißstand, klönend, lachend: Nachbarn im Gespräch. -jg-

ANGEREGTE GESPRÄCHE führten Dömitzer und Dannenberger während eines Empfangs im Ohmschen Haus. So tauschte z. B. Hauptschulrektor Hermann Jahrens (rechts) mit einem Berufskollegen aus der DDR Erfahrungen aus, und links ist Dannenbergs Stadtbrandmeister Peter Schulz in eine Unterhaltung mit dem Leiter der Feuerwehr Klein Schmölau vertieft. Aufn.: H. Jung

Industrie- und Handelskammer regt an:

Übergänge für den Güterverkehr

Schienenstränge sind wichtig – Ausflugsfahrten elbaufwärts

Lüchow. Die Industrie- und Handelskammer (IHK) Lüneburg-Wolfsburg hat sich für die Öffnung weiterer Grenzübergänge zur DDR ausgesprochen. In einem Schreiben an Ministerpräsident Dr. Ernst Albrecht betont die IHK, für die Wirtschaft in der Nordostregion Niedersachsens komme es darauf an, nach der spontanen Öffnung von Grenzübergängen für den Personenverkehr nun so schnell wie möglich auch Grenzübergangspunkte für den Warenverkehr mit der DDR und für den Transitverkehr nach Berlin zu schaffen.

Als besonders bedeutend für die Zonenrandwirtschaft nennt die Kammer die Wiederherstellung der alten Eisenbahnverbindung von Uelzen nach Salzwedel mit Anschluß an die Bahnverbindung Hannover–Berlin bei Stendal, den Wiederaufbau der Elbbrücke bei Dömitz mit Anschluß an die Fernverkehrsstraße 5 und die Autobahn Hamburg–Berlin sowie die Öffnung der Grenzübergänge im Zuge der B 248 bei Lübbow und bei Brome nach Salzwedel.

Ferner spricht sich die IHK für die Herstellung eines Grenzüberganges zwischen Kapern und Bömenzien aus, über den die Fernverbindungsstraße 189 Wittenberge–Stendal–Magdeburg zu erreichen wäre. Für wünschenswert hält die Kammer weiter eine Fährverbindung über die Elbe von Schnackenburg nach Lütkenwisch sowie die Öffnung der Elbe bei Schnackenburg für den Ausflugsverkehr mit Binnenschiffen.

Eine kurzfristige Realisierung der Übergangsmöglichkeiten für den Güterverkehr auf der Straße sollte nach Auffassung der Kammer bei den Übergängen Kapern–Bömenzien, Lübbow–Salzwedel und bei dem bestehenden Grenzübergang in Bergen/Dumme möglich sein. Die Kammer mißt vor allem für den Güterverkehr dem Übergang bei Dömitz mit Anschluß an die Autobahn Hamburg–Berlin eine besondere Bedeutung bei. Auf diesem Wege, so IHK-Hauptgeschäftsführer Dr. Peter Hennings, seien u. a. auch die Ostseehäfen Wismar und Rostock schnell zu erreichen.

In diesem Zusammenhang regt die Kammer an, zu prüfen, ob der Übergang bei Dömitz auch für den Eisenbahnverkehr wieder geöffnet werden sollte.

Von besonderer Dringlichkeit ist nach Ansicht der Kammer die Wiederherstellung der Eisenbahnverbindung Uelzen–Salzwedel–Stendal sowohl für den Personen- als auch für den Güterverkehr, da die Schiene beim Warenverkehr mit der DDR künftig eine gewichtige Rolle spielen werde. Immerhin werden derzeit etwa zwei Drittel des Güterverkehrs in der DDR auf der Schiene befördert.

Diese Vorschläge der IHK liegen auch der deutsch-deutschen Grenzkommission vor, die über die Öffnung weiterer Grenzübergänge berät. Die Kammer geht davon aus, daß über einige dieser dringenden Wünsche der Zonenrandwirtschaft positiv entschieden wird, zumal die meisten dieser Vorschläge auch von den Gebietskörperschaften unterstützt werden.

Kooperation mit DDR im Tourismus

Vom Drawehn nach Mecklenburg?

Lüchow. Die Altmark und Mecklenburg will der Naturpark Elbufer-Drawehn vom kommenden Jahr an in sein touristisches Programm einbeziehen. Die Pläne sehen vor, daß bereits in der kommenden Urlaubssaison den Feriengästen im Bereich des Naturparks ein umfassendes Angebot von Tagesausflügen, Radwanderungen, Reitwandertouren und Wassersportmöglichkeiten gemacht wird, verlautet dazu aus dem Kreishaus.

Das ehemalige Zonenrandgebiet Lüchow-Dannenberg, Jahrzehnte durch den Eisenmetallgitterzaun auf drei Seiten von seinem natürlichen Hinterland isoliert, gilt nunmehr als der ideale Ausgangspunkt für beiderseitigen Tourismus zwischen Ostsee, Berlin und Magdeburg. Zahlreiche interessante Reiseziele, bislang weitgehend unzugänglich, liegen nunmehr für die Feriengäste im Hannoverschen Wendland in greifbarer Nähe – Arendsee, Dömitz, Lenzen, Stendal, Tangermünde, Wittenberge, Magdeburg und Mecklenburger Seenplatte, die Ostseebäder und die Havellandschaft. Nicht zu vergessen der Großraum Berlin, der vor der Haustür liegt.

Der Naturpark möchte auch umgekehrt den Landkreis Lüchow-Dannenberg für DDR-Touristik erschließen. Aus Stendal liegt bereits eine erste Anfrage vor: Eine Gruppe interessiert sich für Radwandern im Wendland.

Naturpark-Geschäftsführer Walter Nahmmacher wird in Kürze mit den zuständigen Stellen in den benachbarten Kreisen in der Altmark und Mecklenburg Kontakt aufnehmen, um Möglichkeiten touristischer Kooperation zu erkunden, anzubahnen und zu konkretisieren.

Auf daß „die Menschen zueinander finden“

Viele Ideen zur Zusammenarbeit

Spitze des Rates des Kreises Osterburg weilte zu Gespräch im Lüchower Kreishaus

Lüchow. Eine Reihe von Ansatzpunkten für eine „Vertragsgemeinschaft auf unterster Ebene“, so Walter Ruprecht, Vorsitzender des Rates des Kreises Osterburg, ergaben sich am Montag bei einer ersten Kontaktaufnahme der leitenden Organe der Landkreise Lüchow-Dannenberg und Osterburg (DDR) im Kreishaus in Lüchow. Erste Verbindungen der Verwaltungen waren schon vor einigen Wochen aufgenommen worden. Jetzt fanden sich Walter Ruprecht, seine erste Stellvertreterin Ingeborg Bialkowski und das für Umweltschutz, Wasserwirtschaft und Erholungswesen zuständige Ratsmitglied Alfons Hesse im Lüchower Kreishaus ein.

Nach einer Bereisung des diesseitigen Grenzgebietes zwischen den Kreisen wurden im Gespräch mit Landrat Werner Meiner, Oberkreisdirektor Klaus Poggendorf, dessen Stellvertreter Hans-Christian Riegner, Ordnungsamtsleiter Alfred Braband und dem Leiter der Straßenverkehrsabteilung, Diethard Gnade, Möglichkeiten zur künftigen Zusammenarbeit der Nachbarkreise erörtert.

Das Gespräch in freundschaftlicher Atmosphäre wurde von Walter Ruprecht als „sehr fruchtbringend“ bezeichnet.

Osterburg hat von südlich Schmarsau bis zur Elbe eine gemeinsame Grenze mit Lüchow-Dannenberg. Die gegenseitige Information über die Kreise zeigte eine Reihe von Ähnlichkeiten auf. So hat der Landkreis Osterburg rund 45 000 Einwohner in 58 Gemeinden, eine Fläche von 1066 Quadratkilometern und ist, wie das Wendland, überwiegend landwirtschaftlich strukturiert. Zwischen den Bürgern hüben und drüben bestehen noch vielfältige verwandtschaftliche Beziehungen. Besonders deswegen wurde von den Osterburgern die Öffnung des Grenzüberganges Schmarsau/Schrampe freudig begrüßt. Da sei, meinte Walter Ruprecht, eine Sehnsucht verwirklicht worden.

Beide Kreisspitzen bekundeten im Gespräch mit der EJZ, daß es ihnen darum gehe, „daß die Menschen zueinander finden“. So sollen, über die Zusammenarbeit auf Verwaltungsebene hinaus, vor allem Kontakte im Bereich von Jugend, Sport und Kultur „angeschoben“ werden. Die hiesige Kreisverwaltung, so erklärte OKD Klaus Poggendorf, sieht für sich dabei vor allem die Aufgabe, Informationen an hiesige Vereine weiterzuvermitteln.

Möglichkeiten zur Zusammenarbeit auf behördlicher Ebene wurden unter anderem im Bereich Verkehrswesen, der Wirtschaft, des Fremdenverkehrs, bei Denkmalpflege und im Städtebau andiskutiert. So nahmen die Osterburger Kreisratsvertreter erfreut zur Kenntnis, daß diesseits Bestrebungen im Gange sind, den Ausbau bestehender und neuer Grenzübergänge zu fördern. Erwogen wird unter anderem, vom Grenzübergang Schmarsau aus die etwa vier Kilometer lange Straße bis Arendsee zur Fernstraße 190 ausbauen zu lassen, ähnliches ist für die Wiedereröffnung einer Verbindung über die Königsbrücke zwischen Kapern und Bömenzien im Gespräch.

Auf hiesiger Seite wurde bereits am Montag mit einer Verbreiterung der Straße auf sechs Meter bis zur Grenze begonnen. Auch die Aufnahme eines Busverkehrs zwischen den Nachbarkreisen wurde angesprochen.

Noch unabsehbare Aspekte bietet der große Bereich des Fremdenverkehrs. Der Kreis Osterburg bietet dabei vielfältige Möglichkeiten. Mit Hinblick auf den Fortfall der Reisebeschränkungen für Bundesbürger in der DDR zur Jahreswende ist man am Arendsee, wo es schon eine Reihe von Erholungsangeboten gibt, schon dabei, „bestimmte Dinge zu konzipieren“.

Walter Ruprecht verhehlte nicht, daß gerade auf dem Gebiet des bislang staatlich durchorganisierten Tourismuswesens eine Umorientierung stattfinden muß mit Blick auf „ökonomische Effekte“.

Die wenig berührte Natur gerade im Norden des Arendsees will man jedoch nicht preisgeben, klang aus den Worten der Ratsspitze heraus. Nach Aufhebung des Grenzbezirkes gibt es erst seit kurzem die Möglichkeit, den See rundum zu begehen. Im Bestreben, im Norden des Sees die Natur zu erhalten, sieht sich der Rat des Kreises in voller Übereinstimmung mit gleichlautenden Forderungen, wie sie vom Neuen Forum und anderen Organisationen erhoben wurden, erklärte der Ratsvorsitzende.

Angesichts der von hiesigen Behörden offerierten Unterstützung, insbesondere im Hinblick auf Straßenbau, unterstrich Walter Ruprecht, daß sich die Osterburger Gedanken machen, wie im weiteren Verlauf der kooperativen Beziehung der Nachbarkreise Dinge geschaffen werden können, die von gegenseitigem Vorteil sind.

Ins Detail bei Fragen der künftigen Zusammenarbeit wollen die Vertreter der beiden Kreise Ende Januar bei einem weiteren Treffen, dann voraussichtlich in Osterburg, gehen.

Vereinbart wurde, die jetzt angesprochenen Möglichkeiten der Kooperation zu Papier zu bringen und auf der Grundlage dieser Themen im neuen Jahr das Gespräch wiederaufzunehmen. In dessen Vorbereitung sollen Fachleute aus der Land- und Wasserwirtschaft sowie Vertreter aus dem geistig-kulturellen Leben einbezogen werden. -rst-

„Zweimal in die Freiheit geboren“

Rüterberg – Vom Leben im Sperrbezirk

Damnatz. Fast 40 Jahre lang lebten sie in Sichtweite voneinander, ohne ein Wort miteinander wechseln zu können: die Bürger aus Damnatz diesseits und aus Rüterberg jenseits der Elbe, direkt am Fluß gelegen. Am Sonnabend zwischen 14 und 16 Uhr wird es im Gasthaus Steinhagen in Damnatz zu einer Begegnung der Damnatzer und Rüterberger kommen.

Während die Damnatzer durch die deutsche Teilung zwar ihre Nachbarn verloren, ansonsten aber keine Nachteile anderen Bundesbürgern gegenüber hinnehmen mußten, verhielt es sich für die Rüterberger und für viele Bewohner anderer Dörfer an der Grenze in der DDR völlig anders: Im Sperrgebiet lebten sie 22 Jahre lang unter besonderen Bedingungen mit eingeschränkten Staats- und Bürgerrechten.

Die 150 Einwohner des Dorfes Rüterberg am Elbufer lebten zwischen zwei Zäunen. Ins und aus dem Dorf ging der Weg durch ein einziges Tor, das jederzeit geschlossen werden konnte – bis zum 11. November dieses Jahres.

Schon am 8. November hatten die Rüterberger, wie jetzt zu erfahren war, die Initiative ergriffen, hatten sich nach einem harten Meinungsaustausch mit Vertretern der staatlichen Organe zur „Dorfrepublik Rüterberg“ erklärt. Sie forderten eine ganz andere Grenzöffnung als sie tagsdrauf zwischen der DDR und der Bundesrepublik überraschend Wirklichkeit wurde: Sie wollten nicht länger durch einen Zaun von der übrigen DDR getrennt sein.

Am 10. November standen die Grenzsoldaten zum letzten Mal an der Schranke nach Rüterberg, am 11. November wurde das Tor ausgehängt und mit dem Wärterhäuschen abtransportiert. Über die Fernstraße 195 kamen die ersten Autofahrer, um nach 28 Jahren das Dorf wiederzusehen, das zu besuchen ihnen so lange verwehrt geblieben war.

Noch vorhandene Sperrschilder wurden von den Rüterbergern am 12. November mit Wegweisern „Zur Dorfrepublik“ überklebt, Wimpelketten waren ein bescheidener Festschmuck. Die Besucher, die ins Dorf kamen, strömten zum Grenzzaun an die Elbe. Grenzsoldaten ohne Gewehre schauten zu, wie sie den stets frischgepflügten und geharkten fünf Meter breiten „Wundstreifen“ überquerten, um dann die Nasen durch das dichtmaschige Gitter des Grenzzaunes zu drükken und einen Blick über die Elbe in die Bundesrepublik zu erhaschen.

„Wir sind zweimal in die Freiheit hinein geboren in unserem Staat und – in unserem Heimatdorf!“ heißt es aus Rüterberg. Von dort wird nun vorgeschlagen, daß der Begriff „Dorfrepublik“ vor dem Ortsnamen Rüterberg zum Denkmal gegen Mißachtung von Staats- und Bürgerrecht werden soll.

Neues Forum wünscht Städtepartnerschaft

Demonstration und Kundgebung in Dömitz

Dömitz. Vertreter des Neuen Forums, das sich nun auch in Dömitz konstituiert hat, haben an den Rat ihrer Stadt den Wunsch gerichtet, es möge eine Städtepartnerschaft zwischen Dannenberg und Dömitz geschlossen werden. Einen gleichlautenden Vorschlag hatte vor einem Jahr schon die CDU der DDR eingebracht, er war jedoch staatlicherseits abgelehnt worden.

Für Montag, den 18. Dezember, hat das Neue Forum zu einer friedlichen Demonstration aufgerufen, die um 18 Uhr von der Schule zum Karl-Liebknecht-Platz führen wird; dort soll eine Kundgebung stattfinden.

Forderungen des Neuen Forums im Aufruf: Freie Wahlen, Verwaltungsreform, Wirtschaftreform und Abbau der Grenzbefestigungen an der Elbe. Eintreten will das Neue Forum darüber hinaus für den Bau der Verkehrswege zwischen Dömitz und Dannenberg, weitere Ziele heißen: Verschönerung und Gesundung der Umwelt, Erhöhung der Gewerbezulassungen, Verbesserung der Gaststätten- und Hotelkultur, Ausbau der Schmölner Bracks zum Naherholungsobjekt und Schaffung von Wohnraum.

Man müsse bedenken, daß sich das Neue Forum gegen 40 Jahre alte eingelaufene Strukturen wenden müsse, erklärte ein Dömitzer gegenüber der EJZ. Dabei benötige das Neue Forum die Unterstützung „eines jeden selbstbewußten, ehrlichen Deutschen beiderseits der Elbe“.

DGB: Für Eisenbahn Dannenberg–Dömitz

Dannenberg. Die Wiederherstellung der Eisenbahnverbindung Dannenberg–Dömitz hat das DGB-Ortskartell Dannenberg in einem Schreiben gefordert, das die Gewerkschafter an Politiker, kommunale und staatliche Dienststellen gesandt haben.

Für das strukturschwache Lüchow-Dannenberg sei die Bahnlinie über die Elbe eine wichtige Verkehrsader. Der Vorschlag zum Wiederaufbau der Schienenverbindung sei auch im Raumordnungsprogramm des Landkreises und im Forderungskatalog der Gewerkschafter aus Dannenberg, Hitzacker und Lüchow enthalten. Sowohl Dannenberg als auch Dömitz dürften großes Interesse an der Wiederherstellung der Eisenbahnverbindung haben, weil dadurch für beide Städte wirtschaftliche Vorteile in Aussicht stünden, meint das Ortskartell.

Deutsch-deutsche Schülerbegegnung

Kaarßener Oberschüler kamen zu Besuch

Hitzacker. „Wir sind gut ins Gespräch gekommen und haben uns auch verabredet", lautet das Resümee eines ersten Besuches einer 8. Klasse der Polytechnischen Oberschule aus Kaarßen bei der 9. Realschulklasse der Bernhard-Varenius-Schule in Hitzacker. Die Ereignisse der vergangenen Wochen bewegen auch die Hitzackeraner Schüler und es kam der Wunsch auf, einmal direkt mit einer Schulklasse von „drüben" Kontakt aufzunehmen.

Anläßlich eines Projekttages hatten sich die Schüler der 9. und 10. Klasse der Haupt- und Realschule der Elbestadt intensiv mit dem Thema DDR auseinandergesetzt. Über zwanzig Themen, mit entsprechendem Material, waren von den Fachlehrern für Geschichte vorbereitet worden und die Schüler hatten die Möglichkeit, in kleinen Gruppen Plakatwände zu gestalten.

So wurde z. B. die Geschichte der Teilung dargestellt, eine riesige Collage zu den Ereignissen in Berlin angefertigt, eine Umfrage zur „Deutschen Frage" unter Besuchern und Hitzackeranern durchgeführt, die Probleme des Reiseverkehrs für die DDR beleuchtet, oder wurde dann ganz einfach ein Trabbi samt Fahrer ausfindig gemacht. Bei der geöffneten Motorhaube wurde auf dem Schulhof über den „2-Takter" gefachsimpelt.

Gäste aus der DDR wurden anderntags in die Schule eingeladen, um mit den Jungen und Mädchen über die Alltagssorgen und deren Eindrücke zu sprechen. Höhepunkt war dann der Besuch der Kaarßener Schüler am Sonnabendnachmittag in der Schule. In kleinen Gruppen stellten die Schüler ihre Schule vor, zeigten die Fachräume und Klassenräume.

Im Computer-Raum hätten sich am liebsten alle erst einmal hingesetzt und die Geräte ausprobiert. Doch die Zeit war knapp, war doch der Termin durch die Fährverbindung festgelegt. So trafen sich alle in der Cafeteria wieder und sprachen über den Schulalltag und Freizeitmöglichkeiten. Die große Politik blieb außen vor, doch zeigte sich in der ablehnenden Haltung zur FDJ, daß dort eine künftige Jugendarbeit wie auch hier nur durch Engagement der Schüler selbst zustande kommt.

Im Namen der Kollegen wies Klaus Lehmann, der mit dem Kaarßener Lehrer Klaus Kowalski die Begegnung vorbereitet hatte, darauf hin, daß wir alle auf diese Begegnung seit Jahrzehnten gewartet hätten und es nun an den Schülern läge, diesen ersten Kontakt weiter auszubauen. Für Anfang des Jahres ist ein erweiterter Austausch geplant, vor allem ein Gegenbesuch in der DDR.

Übergang in Lübbow zu Weihnachten?

„Über Art und Umfang einig" geworden

Lübbow. Die Öffnung eines weiteren Grenzüberganges steht offenbar in absehbarer Zeit bevor: In Lübbow auf der verfallenen Straßenbrücke am Ende der Bundesstraße 248 nahmen gestern mittag der Leiter des Straßenbauamtes Lüneburg, Hans-Werner Zarth, und der Leiter des Produktionsbereiches Nord der Bezirksverwaltung für Straßenwesen Magdeburg, Jürgen Weinhold, in Begleitung von Vertretern des Rates des Kreises Salzwedel auf kurzfristige Verabredung Kontakt auf.

Zarths Fazit nach einer Begehung der Straße und dabei geführten Gesprächen jenseits des Grenzzaunes: Über Art und Umfang des Ausbaues sei man sich einig, allein der Termin hänge noch von der Zustimmung des DDR-Ministerrates ab.

Gebaut werden soll die Straße von der Bundesrepublik: in einem ersten Abschnitt über den Grenzgraben etwa 300 m bis zum Weidenwäldchen, das vom Grenzbalken aus zu sehen ist. Damit soll zunächst die Grenzöffnung gewährleistet werden.

In einem weiteren Abschnitt soll die Straße die etwa vier Kilometer bis zum Ortseingang Salzwedel weitergebaut werden. Für diesen zweiten Bauabschnitt wurde ein weiteres Koordinierungsgespräch in Salzwedel am 8. Januar zwischen den Vertretern der Straßenbauverwaltungen vereinbart. Vorgesehen ist ein Ausbau in sieben Meter Breite mit einseitiger Verbreiterung für einen Radweg.

Über den Termin des Baubeginns gibt es eine Vermutung: Möglicherweise soll die Straße schon zum 23. Dezember im ersten Abschnitt fertiggestellt sein. Machbar wäre das bei baldiger Aufnahme der Arbeiten. Zu diesem Termin, so verdichten sich die Gerüchte, soll bereits die Visumspflicht für Bundesbürger entfallen; ursprünglich war dafür der 1. Januar vorgesehen. Mit dem jetzt offenbar in greifbare Nähe gerückten Grenzübergang würde sich die Fahrstrecke zwischen Lüchow und Salzwedel wesentlich verkürzen. -rst-

Partnerschaft wird besiegelt

Katemin. Der Bürgermeister der DDR-Gemeinde Haar, Wilhelm Lehmkuhl, scheint ein Mann zu sein, bei dem nach Öffnung der Grenze nun alles Schlag auf Schlag geht. Mit seinem an den Rat der Gemeinde Neu Darchau vorgebrachten Wunsch, die Partnerschaft der Elbufergemeinden auch urkundlich zu besiegeln, befaßte sich Dienstag abend in Drethem dieses Gremium. Der einstimmige Beschluß der Neu Darchauer Ratsmitglieder: Sonnabend, den 16. Dezember, will man sich mit den Haarer Kollegen „Landhaus" in Katemin treffen, um dort die Unterschriften unter die deutsch-deutsche Partnerschaftsurkunde zu setzen. Tags darauf, wiederum im „Landhaus" um 14 Uhr, haben die Bürger beider Gemeinden bei einer Adventsfeier Gelegenheit, sich näher kennenzulernen und die Partnerschaft mit Leben zu erfüllen. Kuchen-, Sach- und Geldspenden werden Sonntag gern entgegengenommen.

Deutsch-deutsche Themen im Kreistag

Umfangreiche Tagesordnung – Anträge

Wustrow. Die durch die Öffnung der Grenze zur DDR entstandene Situation steht im Mittelpunkt der öffentlichen Sitzung des Kreistages am Montag, dem 18. Dezember, um 9 Uhr im Wustrower „Fehlhaus". Dazu liegen Anträge der Grünen, der SPD, UWG und CDU vor.

Auf Antrag der Christdemokraten wird der Kreistag außerdem über die Gründung eines gemeinnützigen Vereins zur Förderung der gemeinsamen Beziehungen und Aktivitäten mit den Nachbarregionen in der DDR beraten.

Die umfangreiche Tagesordnung sieht weiterhin, auf CDU-Antrag, eine Erörterung über eine Sportlerehrung auf Kreisebene vor. Weiter hat das Gremium über die Berufung von Schülervertretern in den Kreisschulausschuß und über die Jahresrechnung 1988 zu befinden. Zur Diskussion stehen außerdem: ein Verzicht auf die Fortschreibung des Schulentwicklungsplanes, die Herstellung der Öffentlichkeit der Gorleben-Kommission (Antrag der UWG), die Gründung einer einheitlichen Gesellschaft zur Förderung des Fremdenverkehrs und der gewerblich-industriellen Wirtschaft (SPD-Antrag). Schließlich hat der Kreistag noch ehrenamtliche Gutachter in den Gutachterausschuß für Grundstückswerte zu bestellen.

Das Ende der Tagesordnung bilden die Berichte über Ausschußsitzungen, ein Punkt, der schon des öfteren in vergangenen Sitzungen der fortgeschrittenen Zeit zum Opfer fiel. Generell will der Kreistag deshalb eine Entscheidung fällen, wie künftig mit dieser Ausschuß-Berichterstattung verfahren werden soll.

DDR: Ausbau kann sofort beginnen

Grenzübergang Lübbow wird vorbereitet

Lübbow. Der Grenzübergang in Lübbow kann gebaut werden. Zuständige Behörden der DDR teilten gestern der Lüchow-Dannenberger Kreisverwaltung mit, mit dem Ausbau des ersten Bauabschnitts könne sofort begonnen werden.

Wie berichtet, hatten sich Vertreter beider Straßenbaubehörden am Mittwoch darauf verständigt, den Übergang und die vier Kilometer lange Strecke nach Salzwedel von westdeutschen Firmen bauen zu lassen. Im ersten Abschnitt soll eine etwa 300 m lange Asphaltdecke über zwei Gräben hinweg gezogen werden.

Nach Auskunft des Straßenbauamtes Lüneburg ist der entsprechende Auftrag bereits vergeben worden. Die Baufahrzeuge wurden gestern nachmittag nach Lübbow gebracht. Sie werden heute morgen in Aktion treten. Parallel zu den ersten Arbeiten auf DDR-Gebiet werden NVA-Grenzsoldaten den Metallgitterzaun im Bereich der Trasse entfernen.

Der Termin für die Eröffnung des Grenzüberganges steht jedoch noch nicht fest. Erst wenn der Ministerrat in Ost-Berlin „grünes Licht" für die direkte Verbindung Lüchow–Salzwedel gegeben hat, kann der Schlagbaum in Lübbow weichen. -ür-

DIE ALTE STRASSENBRÜCKE südlich Lübbow wird in wenigen Tagen wieder Ost und West verbinden. Heute werden hier die Bauarbeiten für einen Grenzübergang im Zuge der B 248 beginnen. Zunächst wird ein Unternehmen aus Bad Bevensen eine 300 m lange Straße auf DDR-Gebiet bauen. Im zweiten Bauabschnitt ist die Verbreiterung der Strecke bis Salzwedel vorgesehen.

Aufn.: R. Stremmler

Nach Grenzöffnung Natur nicht opfern

BUND: selbstherrliche Bauvorhaben am Zaun

Lüchow. Als einen „Rückschritt in die Zeiten, in denen Behörden Bauvorhaben selbstherrlich ohne Bürgerbeteiligung durchziehen konnten“ sieht die Kreisgruppe Lüchow-Dannenberg des BUND den „breittrassigen“ Ausbau von Straßen zu den neueröffneten Grenzübergängen.

Besonders bedauert wird von den Naturschützern, daß dies „ohne gesetzlich vorgeschriebene Genehmigungsverfahren . . . und das in hochsensiblen naturnahen Lebensräumen“ geschieht. Der BUND stellt in diesem Zusammenhang die Frage, ob sich „die Freude über die Grenzöffnung sofort in Beton und Asphalt ausdrücken (muß)?“

Hingewiesen wird von den Lüchow-Dannenberger Naturschützern darauf, daß in den vergangenen Jahrzehnten in der Bundesrepublik besonders dort naturnahe Bereiche entstanden sind, wo der Mensch aufgrund der „Sackgassensituation“ weniger Einfluß nehmen konnte, nämlich im Grenzbereich zur DDR. In Lüchow-Dannenberg zieht sich deshalb eine – oft nur wenig hundert Meter breite – Naturlandschaft an der Grenze entlang, deren Situation sich aber nach Ansicht des BUND mit der Grenzöffnung geändert hat.

Nach Meinung des BUND ist es inzwischen an der Zeit, „Wirtschaftsspekulationen Einhalt zu gebieten und ein Gesamtkonzept zum Erhalt dieser naturnahen Region zu erstellen. Statt dessen ist leider nur eine Fülle von unkoordinierten Einzelmaßnahmen zu entdecken“, wird betont.

Wie die BUND-Kreisgruppe fordert, „darf (es) nicht sein, daß die in beiden deutschen Staaten so dringend notwendigen Naturressourcen wie in den vergangenen Jahrzehnten geopfert werden“.

Der Parkraum ist drüben sehr knapp

Tips für DDR-besuchende Autofahrer

Lüchow. Wenn vom 1. Januar an (oder möglicherweise schon früher) Bundesbürger ohne Visum und Mindestumtausch in die DDR reisen dürfen, wird es drüben insbesondere im grenznahen Bereich zu Verkehrsproblemen kommen, die diejenigen der über hiesige Straßen rollenden „Trabbilawinen“ voraussichtlich um einiges übertreffen werden. Denn: Parkraum ist in den DDR-Städten und Dörfern noch weitaus knapper als hier.

Die DDR-Behörden haben das Problem erkannt, aber von heute auf morgen lassen sich Parkplätze natürlich nicht aus dem Boden stampfen. In Arendsee wird zum Beispiel überlegt, eine größere Fläche für den ruhenden Verkehr zu schaffen, bekundete Kreisratsvorsitzender Walter Ruprecht.

Bundesbürger, die nach Fortfall der Einreisebeschränkungen in die DDR fahren, sollten – eine Empfehlung der EJZ – die Parkraumknappheit berücksichtigen und nach Möglichkeit die zu erwartende Fahrzeuglawine von West nach Ost durch Bildung von Fahrgemeinschaften klein halten. Darüber hinaus sollte beachtet werden, daß auf den Fernstraßen (F) in der DDR auch innerorts das Parken verboten ist.

Und: Achtung vor Schürzenjägern (gemeint sind in diesem Fall Absätze in den Fahrbahnen und hohe Bordsteinkanten an Parkplätzen)! Für die „Schürzen“ tiefliegender Fahrzeuge, Frontspoiler oder unter die Stoßstange gehängte Zusatzscheinwerfer bieten diese eine echte Gefahr. Da zeigt sich der Vorteil der hochbeinigen Trabbis . . .

Die EJZ hat erfahren, daß, zum Beispiel in Salzwedel, von Organisationen Treffpunkte zur Begegnung von Bundes- und DDR-Bürgern vorbereitet werden. Über Näheres werden wir rechtzeitig berichten. -rst-

Kreisspitze zu Gegenbesuch in Salzwedel:

Konkrete Projekte ins Auge gefaßt

Öffnungstermin in Lübbow wird auf Kreisebene vereinbart – Kontakte auf vielen Ebenen

Lüchow/Salzwedel. Die Beziehungen zwischen den Kreisen Salzwedel und Lüchow-Dannenberg werden konkreter. Gestern weilte die Spitze des hiesigen Kreises, unter anderem Landrat Werner Meiner und Oberkreisdirektor Klaus Poggendorf, zu einem Gegenbesuch in Salzwedel. Ein Gespräch mit der Spitze des Rates des Kreises Salzwedel hatte unter anderem das Ergebnis, daß der Termin der Öffnung des neuen Grenzüberganges bei Lübbow zwischen den beiden Kreisen vereinbart wird – ein Novum insofern, als bislang alle die Grenzübergänge betreffenden Fragen via Ost-Berlin geklärt wurden.

Voraussetzungen für die Öffnung des neuen Überganges ist, daß die technischen Voraussetzungen geschaffen sind. Dazu gehört neben der Herstellung der Straße, daß auch die Unterkünfte für die Bediensteten des Zolls und der Grenztruppen in vernünftigem Zustand erstellt werden. Oberkreisdirektor Klaus Poggendorf: Man hoffe, daß dies noch vor Jahresende geschafft wird. Darüber hinaus soll geprüft werden, ob über die neuen Übergänge auch gleich Telefonkabel verlegt werden können, um die Kommunikationsmöglichkeiten zwischen den Nachbarkreisen zu verbessern.

Beide Seiten wollen sich außerdem, so erläuterte Klaus Poggendorf nach dem Gespräch im Haus des Rates des Kreises Salzwedel, dafür einsetzen, daß sowohl die vorhandenen als auch die zu schaffenden Übergänge für Fußgänger, Radfahrer und für den Busverkehr freigegeben werden. Gespräche wurden außerdem über weitere Buslinien, auch über den neuen Übergang Lübbow, vereinbart. Ebenso will man sich bei den in den jeweiligen Staaten zuständigen Stellen für eine Wiederaufnahme des Bahnverkehrs zwischen Salzwedel und Lüchow-Dannenberg einsetzen.

Kreisratsvorsitzender Klaus Merkewitz gab „grünes Licht" für Kontakte auf breitester Ebene. Dabei wollen die Landkreise in erster Linie die Funktion übernehmen, Ansprechpartner zu benennen und Kontakte herzustellen. Außerdem sollen über Vermittlung der Kreisverwaltungen die wichtigsten Veranstaltungen im jeweils anderen Kreis angekündigt werden.

Vorbereitungen für einen Jugendaustausch zwischen den beiden Landkreisen, der gemeinsame Ferienmaßnahmen einbezieht, sind bereits angelaufen. Projekte für die Zukunft sind außerdem ein Austausch der Kreismusikschulen. Auf sportlicher Ebene haben sich ebenfalls schon diverse Kontakte ergeben. Weitere Verbindungen sollen im Bereich der Landwirtschaft, der Kultur und der Volkshochschule angestoßen werden.

Beim Salzwedeler Reiterverein liegen bereits Briefe der beiden hiesigen Kreisreiterverbände vor. Das erfuhren die Besucher aus Lüchow-Dannenberg bei einem Besuch in der 1500 Zuschauer fassenden Reithalle in Salzwedel, die, wie ihr ehrenamtlicher Leiter Peter Lyga erläuterte, 1975 in nur elf Monaten von den Salzwedelern in Feierabendarbeit erstellt wurde. Lyga, der Weltcup-Dressurreiter ist, berichtete den von der Einrichtung sehr beeindruckten Gästen aus Lüchow von regen und erfolggekrönten reitsportlichen Aktivitäten. Bundesbürgern soll die Möglichkeit eingeräumt werden, die Anlage zu nutzen.

Auf wirtschaftlicher Ebene ist unter anderem daran gedacht, dem Handwerk aus dem Kreis Salzwedel eine Ausstellung in Lüchow-Dannenberg, eventuell im Wendlandhof Lübeln, zu ermöglichen. Auch die grenzüberschreitende Zusammenarbeit von Betrieben wurde angesprochen. Seitens der Salzwedeler wurden für gemeinsame Projekte insbesondere das dortige Fleischkombinat und die Bergschloß-Brauerei ins Gespräch gebracht. Auch an einer Belieferung der Stärkefabrik mit Kartoffeln besteht Interesse.

Als konkretes grenzüberschreitendes Wirtschaftsprojekt ist der „Schwarze Adler" ins Auge gefaßt. Nach Vorstellungen des Kreises Salzwedel soll dieses Gebäude mit westlicher Hilfe zu einem Touristikzentrum ausgebaut werden. Auf dem Gebiet des Fremdenverkehrs wurde von hiesiger Seite großes Interesse an Möglichkeiten des Radtourismus bekundet.

Auf dem Sektor des Umweltschutzes war die Kläranlage Salzwedel ein Gesprächsthema. Der Bau einer biologischen Stufe bei Gerstedt soll 1991 in Angriff genommen werden, was im Hinblick auf die Jeetzel auch auf hiesiger Seite von Interesse ist. Entsprechend will man sich von Lüchow-Dannenberg aus für eine Förderung des Projektes aus dem Niedersachsenfonds einsetzen. Vereinbart wurde ein regelmäßiger Austausch von Umweltdaten von Wasser-, Boden- und Luftbelastung, wobei der Kreis Salzwedel im Akutfall einer Wasserbelastung auch sofort Nachricht geben will.

Eine Stadtrundfahrt und ein Besuch im Raum Hoyersburg gegenüber von Lübbow gehörte darüber hinaus zum Besuchsprogramm der hiesigen Kreisspitze. Unbürokratisch wurden dabei mit dem Kommandeur des Grenzkreiskommandos, Oberst Meckat, Möglichkeiten geschaffen, die Herstellung des Grenzüberganges zu beschleunigen. -rst-

AUF DIE SEHENSWÜRDIGKEITEN und die Betriebe der Stadt weisen in Salzwedel diverse Tafeln hin. Von Parteiparolen hingegen ist in der Stadt nichts (mehr) zu sehen.

Partner gesucht und gefunden

Wustrow und Arendsee nahmen Gespräche auf – Ratsspitze zu Besuch

Wustrow. „Zusammenwachsen, nicht zusammenwuchern" lautet die Devise, unter der die Städte Wustrow und Arendsee auf kommunaler Ebene Gespräche aufgenommen haben, um näher zueinander zu finden. Die Spitze des Rates der 3 500-Einwohner-Stadt am Rande des gleichnamigen Sees im DDR-Kreis Osterburg weilte am Sonnabend zu einem ersten Besuch in Wustrow, ein Gegenbesuch wurde für den 9. Januar vereinbart.

Auf der Suche nach einer vergleichbaren Gemeinde in der DDR, mit der Beziehungen angeknüpft werden können, war Wustrows Bürgermeister Werner Meiner auf Arendsee gekommen; zu der Stadt verbinden ihn noch persönliche Kontakte aus der Zeit vor der Teilung. In Arendsee waren gleiche Überlegungen angestellt worden, so daß Bürgermeisterin Gudrun Lukas und ihr Rat der Einladung nach Wustrow gerne folgten. In der Stadtverordnetenversammlung hatten sich keine Stimmen gegen die Kontakte mit Wustrow erhoben, berichtete sie am Sonnabend. Die beiden Städte haben einige Gemeinsamkeiten: Eine vergleichbare Größe, eine ähnliche Struktur und die Grenznähe.

Die erste Kontaktnahme am Sonnabend vollzog sich mit leichten Hindernissen: Der Brief aus Wustrow, daß man die Besucher am Grenzübergang Schmarsau abholen werde, war am Sonnabend noch nicht in Arendsee eingetroffen: So wartete der Wustrower Rat noch am Grenzübergang, während die Arendseer bereits in Wustrow eingetroffen waren – was die Herzlichkeit der Zusammenkunft etwas später als geplant nicht minderte.

Wie sich die von den Räten initiierte Beziehung zwischen den Städten entwickelt, so Bürgermeisterin Lukas, soll den einzelnen Ebenen selbst überlassen bleiben. Interesse an Kontakten zur Schule in Arendsee wurde bereits von der Wustrower Schule bekundet. Verbindungen irgendeiner Art können sich insbesondere auf Vereinsebene anbahnen; das Vereinsleben ist beidseitig der Grenze recht rege, so gibt es in Wustrow wie in Arendsee aktive Tischtennisgruppen, Kegler – und noch eine Gemeinsamkeit: Beide Städte sind derzeit ohne evangelischen Geistlichen.

„Der Drang, herüberzufahren, kann sich nicht darauf beschränken, Westgeld auszugeben", betonte Bürgermeisterin Lukas ihr Bestreben, Verbindungen herzustellen. Wobei die Arendseer in die neuen Beziehungen auf keinen Fall einseitig als Bittsteller eintreten wollen: Das gegenseitige Geben soll die Grundlage aller Kontakte darstellen.

BEZIEHUNGEN auf vielerlei Ebenen sollen zwischen den grenznahen Städten Wustrow und Arendsee wachsen. Zu einem ersten Gespräch darüber weilte am Sonnabend die Spitze des Arendseer Rates in Wustrow. Auf dem Foto Ratsmitglieder und Verwaltungsmitarbeiter der beiden Städte mit der Arendseer Bürgermeisterin Gudrun Lukas (4. v. r.) und Wustrows Bürgermeister Werner Meiner (5. v. r.). Aufn.: R. Stremmler

Landwirtschaft und vor allem Fremdenverkehr prägen die Stadt Arendsee. In der diesjährigen Saison wurden rund 600 000 Tagesgäste am See gezählt. Eine besondere Spezialität des Arendsees sind die Maränen, eine den Bodenseefelchen ähnliche sehr schmackhafte Fischart, die allerdings kaum zu angeln ist, sondern mit Netzen gefangen wird.

Der Rat der Stadt Arendsee, ein von der Stadtverordnetenversammlung gewähltes Gremium, das wesentliche Dinge der laufenden Verwaltung regelt, ist mit vier hauptamtlichen und mehreren ehrenamtlichen Mitgliedern besetzt. An der Spitze steht – noch bis etwa Mitte Januar – Bürgermeisterin Lukas. Weil sie aus privaten Gründen auf die Ostseeinsel Rügen zieht, wird der Rat am morgigen Dienstag ihren Nachfolger wählen. Mit den politischen Veränderungen in der DDR hat dieser Amtswechsel nichts zu tun: Das Gemeindeoberhaupt scheint in Arendsee, wie aus mehreren Gesprächen zu vernehmen war, recht populär zu sein.

Gudrun Lukas berichtete bei einem Essen im Wustrower „Ratskeller" aus der kommunalpolitischen Arbeit in Arendsee, die bislang von großer Übereinstimmung der Parteien geprägt war. Davon, wie die Zukunft sich auf dieser Ebene gestalten kann, zum Beispiel in Sachen Fraktionsbildung und -arbeit, meinte sie, könne man in Wustrow vielleicht lernen.

Mit von der Partie beim Besuch in Wustrow waren neben der Bürgermeisterin und Vorsitzenden des Rates der Stadt ihre Stellvertreterin Regine Hofemann und die beiden ehrenamtlichen Ratsmitglieder Erich Vormbaum und Klaus Führ. -rst-

Besuch aus der „Dorfrepublik"

Rüterberger kamen nach Damnatz – Feier beim DRK

Damnatz. „Macht hoch die Tür, die Tor macht weit" sangen Menschen aus Rüterberg/DDR und aus Damnatz Sonnabend nachmittag gemeinsam zu den Klängen des Quickborner Posaunenchors: Nach über vier Jahrzehnten konnten die Nachbarn, zwischen deren Dörfern nur die Elbe, bislang aber auch eine undurchlässige Grenze lag, wieder zueinander kommen. Gefeiert wurde die Begegnung im Gasthaus Steinhagen im Rahmen der Adventsfeier des DRK-Ortsvereins Damnatz. „Wir freuen uns riesig" stand auf einem großen Spruchband im Saal, und dieser Satz faßte treffend die Stimmung zusammen, die beim Singen, Kaffeetrinken und Klönen herrschte.

Rotkreuz-Vorsitzende Annemarie Harms hieß Rüterberger und Damnatzer willkommen, ehe Bürgermeister Günter Rexin einen kurzen Rückblick auf den ersten „neuen" Kontakt beider Elbdörfer warf: Am 7. Dezember, als die Fährverbindung zwischen Dömitz und Kaltenhof eröffnet wurde, hielt auf der DDR-Seite jemand ein selbstgemaltes Plakat hoch, auf dem zu lesen war: „Die Dorfrepublik Rüterberg grüßt Damnatz."

Zur „Dorfrepublik" hatten sich die Rüterberger, wie berichtet, selbst ernannt, um darzustellen, wie sehr sie bislang als Sperrgebiet vom übrigen Territorium der DDR getrennt waren. Das Plakat war Anstoß zu einem ersten Gespräch, man beschloß, sich auf der DRK-Feier zu treffen, eine Begegnung, die nur der Anfang der künftigen Beziehung sein soll, stellte der Bürgermeister fest. Zu der Begegnung am Sonnabend konnte nur etwa ein Drittel der Damnatzer erscheinen, mehr faßte der Saal nicht; doch das nächste Treffen ist schon geplant. Irgendwann im Frühjahr oder im frühen Sommer 1990 sollen die Bürger aus Rüterberg mit ihren Nachbarn auf dem Damnatzer Feuerwehrplatz zusammenkommen.

Bürgermeister Meinhard Schmechel aus Rüterberg, dem sein Amtskollege Rexin zuvor einen Zinnteller überreicht hatte, lud die Damnatzer zum Dorffest ein, das am 30. Juni und am 1. Juli auf der anderen Seite des Flusses mit einem Kulturprogramm gefeiert wird, mit Frühschoppen und Blasmusik unter anderem. Als Gastgeschenk hatte Schmechel ein Rüterberger Wappen mitgebracht.

Erste Kontakte zu den Kameraden in der DDR knüpfte Uwe Bannöhr, Ortsbrandmeister in Damnatz. Seinem Tischnachbarn, einem Feuerwehrmann aus Rüterberg, schenkte er als Erinnerung an den Tag der Begegnung ein Kachelbild vom Damnatzer Feuerwehrgerätehaus. Auch „Hein" Mück vom Sportbootverein war nicht mit leeren Händen gekommen; von ihm erhielten die Rüterberger eine Bootsflagge.

Mit Historischem konnte Schneidermeister Hans Rasenberger aufwarten; er führt die Rüterberger Dorfchronik, und einen bebilderten Auszug aus ihr hatte er ins Gasthaus Steinhagen mitgebracht: Fotos, die in bedrükkender Weise dokumentierten, wie die Bewohner des Ortes vor dem 9. November buchstäblich eingeschlossen waren: Ihr Dorf war von Zäunen umgeben, nur einen – verschließbaren – Zugang gab es, bewaffnete Posten und scharfe Hunde umgaben Rüterberg. Mittlerweile liegen die Hundehütten auf dem Müllhaufen, die Wachhunde wurden (von offizieller Seite) erschossen, das Dorf ist frei zugänglich, berichtete Hans Rasenberger. Für den Chronisten hielt Bürgermeister Rexin eine originelle Überraschung bereit: ein „Siegel" mit der Inschrift „Dorfrepublik Rüterberg".

Etwas Nettes war auch Pastor Hans-Günter Ahlrichs eingefallen: Eigens für den großen Tag des Wiedersehens hatte er ein Lied verfaßt, das die neue Situation der Dörfer Damnatz und Rüterberg zum Inhalt hat; sichtlich gerührt lauschten die Teilnehmer der Adventsfeier diesen Worten. Bei Gedichten, von Kindern vorgetragen, bei schmackhaftem Kuchen – gebacken von den Rotkreuz-Frauen – und Kaffee, vom Wirt gespendet, saßen die Nachbarn bis zum späten Nachmittag beieinander, bis es hieß: Bald legt die Fähre ab, hin zum gegenüberliegenden Ufer, das nun wieder ganz nah an Damnatz herangerückt ist. -jg-

Diskussion über Situation nach Grenzöffnung:

Vergebliches Streben um Harmonie

Keine einmütige Erklärung des Kreistages durch Streit um des Kanzlers zehn Punkte

Wustrow. Die Einigkeit in Grundsatzfragen zur weiteren Ausgestaltung der Beziehungen zu den Nachbarkreisen in der DDR ging in der gestrigen Kreistagssitzung im Wustrower „Fehlhaus" so weit, daß Übergänge und Begegnungen nur am Rande Erwähnung fanden. Allein an des Bundeskanzlers „Zehn-Punkte-Programm" schieden sich die Geister so sehr, daß der eingangs übereinstimmend erklärte Wunsch, zu einer einstimmig zu beschließenden Erklärung zu kommen, am Ende scheiterte. Die CDU wollte aus ihrem (in der gestrigen EJZ-Ausgabe vorgestellten) Entschließungsantrag die Unterstützung des Kanzlerprogramms nicht gestrichen haben, die übrigen Fraktionen bestanden darauf.

Da nützte auch die Kompromißbereitschaft der Christdemokraten nichts, aus dem „Wiedervereinigung" in ihrem Entwurf das „Wieder" zu streichen: Nur mit den 22 Stimmen der Mehrheitsfraktion CDU wurde besagte Entschließung beschlossen, nachdem zuvor von eben diesen 22 die Resolutionsentwürfe von UWG und SPD abgelehnt worden waren. An wem nun die Gemeinsamkeit im Kreistag gescheitert ist, müssen die Fraktionen für sich aufarbeiten: Eine neutrale Öffentlichkeit fehlte in der gestrigen öffentlichen Sitzung, abgesehen von einigen ehemaligen und noch aktiven Kreisbediensteten, nahezu völlig.

Diskutiert, aber vom Landrat nicht zur Abstimmung gestellt, wurde ein von Grünen und UWG gemeinsam getragener Antrag, der zum Inhalt hatte, auf eine Aussetzung des Genehmigungsverfahrens zur Pilotkonditionierungsanlage Gorleben hinzuwirken, bis festgelegt ist, wie Bürger und Träger öffentlicher Belange der DDR ihre Rechte in dem Verfahren geltend machen können. Das stehe nicht auf der Tagesordnung, begründete der Landrat die Verweigerung der Abstimmung.

Die Ablehnung der Annahme der zehn Punkte des Bundeskanzlers in die Kreistagsentschließung wurde von den „Oppositionsparteien" vor allem damit begründet, daß eine Einmischung in die Entwicklung in der DDR vermieden werden sollte, gerade auch von den hiesigen Parteien, wobei aus den Worten deutlich wurde, daß die Erklärung Kohls von den anderen im Kreistag vertretenen Parteien mehr als eine Aussage des CDU-Vorsitzenden denn des Kanzlers bewertet wurde. Der Einrede der CDU, daß diese zehn Punkte im Bundestag eine Zustimmung von rund 90 Prozent und eine positive Würdigung auch seitens des SPD-Chefs Vogel erhalten habe, hielten SPD, UWG und Grüne entgegen, daß Helmut Kohl selbst einiges davon zurückgenommen habe. Gisela Knoll (Grüne): „Wir hinken hinterher, wenn wir uns auf den Zehn-Punkte-Plan beziehen."

Auch die ungeklärte Frage der polnischen Westgrenze war ein Grund für die Ablehnung, ein anderer die Unkenntnis der „Opposition" über die konkreten Aussagen der Kanzlererklärung. Bernard Fathmann (SPD) mahnte insbesondere, daß eine absolute Forderung nach Wiedervereinigung auch die Politik Gorbatschows und den Demokratieprozeß in der DDR gefährden könne. Die CDU hingegen, so Klaus Wojahn zum Kohl-Papier, sieht nicht zuletzt darin die Chance, mitten in Deutschland eine Friedensordnung zu schaffen, die die Sehnsucht aller Menschen ist.

Weder die Mahnung von Christoph von dem Bussche (FDP), nicht durch Parteiprofilierungssucht eine gemeinsam getragene Entschließung zu gefährden, noch ein interfraktionelles Gespräch in der Sitzungspause half weiter:

(Fortsetzung auf Seite 76)

Das „Nadelöhr" zur Jahreswende meiden

DDR-Reisetips vom Städte- und Gemeindebund

Lüchow. Das in Kürze in Kraft tretende neue Reiserecht für Bundesbürger in der DDR sollte nach Ansicht des Niedersächsischen Städte- und Gemeindebundes nicht sofort in Anspruch genommen werden. Solches würde, warnt der kommunale Spitzenverband, „zwangsläufig zu einem Verkehrs- und Versorgungschaos an der innerdeutschen Grenze und in der DDR führen".

Enge, im allgemeinen nur vier Meter breite Landstraßen im Grenzgebiet der DDR, das Fehlen eines leistungsfähigen Tankstellennetzes an den Straßen der neueröffneten Grenzübergänge, aber auch die Versorgungsstruktur im Lebensmittelbereich lassen nach Ansicht des Städte- und Gemeindebundes einen bundesweiten Ansturm auf die Grenzgebiete der DDR nicht zu. Dort gebe es keine den bundesdeutschen Vorstellungen entsprechende Strukturierungsdichte von Hotels und Gaststätten, von Tankstellen und Pannenhilfen, von Läden und Kiosken.

Nach einem Erfahrungsaustausch der an der innerdeutschen Grenze gelegenen Städte und Gemeinden empfiehlt die Organisation, Reisewünsche in die DDR über das Jahr zu verteilen und das zu erwartende „Nadelöhr" der Jahreswende zu meiden.

Wer sich ungeachtet dessen kurzfristig in die DDR aufmacht, dem rät der Städte- und Gemeindebund an, für Reiseproviant und einen vollen Tank zu sorgen und das Warten im Stau von vornherein einzukalkulieren, möglichst auch über eine „feste Bleibe" in der DDR zu verfügen. -rst-

(Fortsetzung von Seite 75)
Die CDU beharrte auf der Einbindung der Erklärung in die große Politik, wobei sie darauf verwies, daß die zehn Punkte keine Aussage über die Art einer Wiedervereinigung enthalten, sondern sie der Entwicklung und der Entscheidung der Menschen auch in der DDR – nach freien und geheimen Wahlen – überlassen. Klaus Wojahn zu der Diskussion: „Drüben“ würde man es kaum verstehen, „wie wir hier Wortklaubereien um Wiedervereinigung führen.“ Das Ziel einer irgendwie gearteten Vereinigung war dabei auch unter den anderen Parteien nicht umstritten. Gisela Knoll zu einer Aussage im CDU-Entschließungsentwurf: „Daß nicht getrennt bleibt, was zusammengehört, kann man sehr unterstreichen!“

Der im Entschließungsentwurf der SPD enthaltene Antrag, zusammen mit der Bundes- und Landesregierung einen Regionalfonds zu bilden mit dem Ziel, die Gebietskörperschaften und im Landkreis ansässige Unternehmen mit finanziellen Garantien im Waren- und Dienstleistungstransfer in die DDR auszustatten, erwies sich als weitgehend konsensfähig – wenn im Endeffekt darüber auch keine Abstimmung erfolgte.
Die SPD folgte der CDU-Ansicht, daß ein solcher Regionalfonds auch die Nachbarkreise Uelzen und Lüneburg einbeziehen sollte. Damit will man einer Entwicklung entgegenwirken, die dazu führen könnte, daß Lüchow-Dannenberg durch in weiter Entfernung getroffene Entscheidungen zu einer Transitregion wird. Die Chancen auf einen solchen Regionalfonds wertete Kurt-Dieter Grill allerdings als gering.

Ein weiterer von UWG und Grünen aufgeworfener Aspekt der deutsch-deutschen Beziehungen im grenznahen Verkehr waren die Kontakte mit den Entscheidungsträgern in der DDR. Adolf Lambke (Grüne) monierte eine „nicht verständliche Hast, mit der eine Verbrüderung gemacht wird mit denen, die bislang das Volk drüben kontrolliert haben“. Das ebenfalls gefallene Wort der Anbiederung der hiesigen Entscheidungsträger mit der SED-Spitze wies unter anderem Kurt-Dieter Grill (CDU) zurück: Manche Fähre würde es ohne diese Kontakte nicht geben. „Wir haben“, so Grill, „zur Zeit keine anderen Verhandlungspartner.“ Die Kritik von Bürgern der DDR an diesen Verhandlungen sei bekannt, aber man tue das nicht, um die SED zu stabilisieren, sondern um für die Menschen etwas zu erreichen. Der Verweis auf SPD/SED-Kontakte in der Vergangenheit bot dem Kreistag Gelegenheit zur Eröffnung eines weiteren „Nebenkriegsschauplatzes“ in der Diskussion.

Diskussionsbedarf ergab sich auch in der Forderung der SPD, mit der sie auch bei der CDU Unterstützung fand, die Kreistagsfraktionen an den bisher von Oberkreisdirektor und Landrat geführten Verhandlungen mit den DDR-Organen zu beteiligen. OKD Klaus Poggendorf verwies auf die Bestimmungen der Landkreisordnung, wonach ein Landkreis nach außen durch OKD und Landrat vertreten wird. Niemand bestreite aber dem Kreistag das Recht, über den Inhalt der Verhandlungen zu diskutieren und zu beschließen. Die Teilnahme von Fraktionsvertretern jedoch, meinte Poggendorf, könnte durch Einbringung parteipolitischer Aspekte die Verhandlungen gefährden. -rst-

Verein soll Kontakte mit der DDR fördern

Einstimmiges Votum im Kreistag

Wustrow. Der Kreistag unterstützt die Gründung eines gemeinnützigen Vereins zur Förderung der gemeinsamen Beziehungen und Aktivitäten mit den Nachbarregionen in der DDR.

Auf diese Formulierung einigten sich die Fraktionen in der gestrigen Kreistagssitzung relativ zügig, nachdem im vorhergehenden Tagesordnungspunkt lange um deutschlandpolitische Grundsätze gerungen worden war.

Den Antrag hatte die CDU eingebracht. Ein wesentlicher Zweck des Vereins soll es sein, die Finanzen aufzubringen für die diversen grenzüberschreitenden Aktivitäten, die sich nicht alle Vereine leisten können. Die Mittel sollen einerseits vom Kreis, aber auch von den Kommunen und der Wirtschaft aufgebracht werden. Ziel des Vereins soll es nach Vorstellungen des Kreistages sein, die Vereine und Verbände bei ihren Kontakten in die DDR in den Bereichen Jugend, Sport und Kultur finanziell zu unterstützen.

Die Einstimmigkeit im Kreistag kam nach der Klärung einiger Verfahrensfragen zustande. So wurde klargestellt, daß nicht der Kreistag den Verein gründet, sondern nur eine Absichtserklärung dazu abgibt und sich an der Satzungserarbeitung beteiligt. Dazu sollen diverse Organisationen eingeladen werden, von Kreisjugendring, Kreissportbund, Kulturringen und Deutschlandpolitischem Bildungszentrum bis hin zum Kulturverein Platenlaase. -rst-

In Salzwedeler Hand

Andrang beim Schnegaer Weihnachtsmarkt

Schnega. Fest in Salzwedeler Hand war der Weihnachtsmarkt am Wochenende in Schnega. Die Veranstalter, die Gemeinde und der Fremdenverkehrsverein Swinmark, hatten einigen Bekannten in der DDR Plakate gegeben, mit denen zum Markt eingeladen wurde.

Ohne, daß dies eigentlich beabsichtigt war, erschienen diese Plakate in Salzwedel an den Straßenrändern. Auch die Zeitung hatte auf das vorweihnachtliche Geschehen in der „Swinmark“-Metropole hingewiesen. So kam es, daß selbst bei ständigem Nieselregen am vergangenen Sonnabend das Verhältnis der Besucher zeitweilig aus zwei Dritteln DDR-Bürgern und einem Drittel Swinmärkern bestand.

Die Gäste von der anderen Seite der Grenze sorgten dafür, daß die Marktstände stets umlagert waren. Waffeln und Punsch fanden dabei ebenso ihre Abnehmer wie die bunten Nippes-Sachen, die man mittels Magnet angeln konnte. -fk-

(gekürzt)

Die Schonzeit läuft bald ab

Rosige Zeiten für DDR-Falschparker sind demnächst vorbei

Lüchow. Tolerant, nachsichtig und mit viel Fingerspitzengefühl präsentierte sich der bundesdeutsche Rechtsstaat bisher gegenüber den Besuchern aus der DDR. „Liebe Gäste! Sie parken verkehrswidrig. Um die schwierigen Verkehrsverhältnisse nicht noch zu verschlimmern, dürfen wir Sie bitten, Park- und Halteverbotszeichen zu beachten“: So freundlich ist zum Beispiel der Inhalt eines Zettels des Lüchower Ordnungsamtes, der ab dem morgigen Donnerstag noch bis Jahreswechsel mit dem Hinweis auf Parkmöglichkeiten anstelle eines „Knöllchens“ hinter die Scheibenwischer falsch parkender DDR-Wagen in Lüchow geklemmt wird. Die Parkflut der DDR-Autofabrikate, die nicht selten Lüchows Innenstadt regelrecht verstopfen, soll ab 1990 eingedämmt werden. „Wir werden im Ordnungswidrigkeitenbereich anziehen“, kündigt Polizeioberrat Wolfgang Mönckmeyer als Leiter der hiesigen Schutzpolizei an.

„Zurückhaltend“ und „möglichst großzügig“, so Mönckmeyer, sei man bisher und werde man noch bis Jahreswechsel mit DDR-Bürgern bei geringen Verstößen verfahren, die ihre Trabbis, Wartburgs oder Ladas ganz frech zum Beispiel an unerlaubten Stellen in der Langen Straße in Lüchow abstellten. Die tolerante Vorgabe kam von der Staatsanwaltschaft Lüneburg. Ein Freiparkschein übrigens nicht nur für die DDR-Besucher, wie Wolfgang Mönckmeyer betont: „Natürlich können wir nicht denjenigen Bundesbürger belangen, der seinen Wagen hinter einem nichtgeahndeten Trabbi abstellt.“

Normalität also ab Jahreswechsel? Zumindest werden auch DDR-Falschparker ab dem 1. Januar nicht mehr nur belehrt, sie haben auch ein Verwarngeld zu berappen, ihre Schonzeit läuft unweigerlich ab. Generell betonte jedoch Wolfgang Mönckmeyer, daß sich die Besucher nach Anfangsschwierigkeiten diszipliniert verhalten haben, und die Disziplin sei auch gewachsen.

Anfangsschwierigkeiten hatten die östlichen Nachbarn ganz offensichtlich auch mit den Verlockungen der glitzernden westlichen Konsumwelt: 32 DDR-Bürger wurden seit dem 9. November in Lüchow-Dannenberg des Ladendiebstahls beschuldigt, und zwar ausschließlich in Lüchow. Wolfgang Mönckmeyer konnte noch keine genauen Vergleichszahlen nennen, allerdings weiß er: „Das ist im Vergleich schon eine beachtliche Größe.“ Andererseits meldeten sich aber auch vier DDRler, die bestohlen wurden.

Etwas präziser fällt da schon die Auskunft vom Geschäftsführer eines großen Lüchower Kaufhauses aus: „Unheimlich viel“ werde in jüngster Zeit „geklaut“, vor allem auf Uhren und Spielsachen sind die östlichen Nachbarn scharf. Und ein Vergleich: Während dieses Kaufhaus im November 1988 keinen Ladendiebstahl registrierte, waren es im November dieses Jahres 23. Dreiviertel dieser Diebstähle gehen auf das Konto von DDR-Bürgern, aber ganz offensichtlich langen auch zahlreiche West-Bürger im dichten Gedränge überfüllter Geschäfte vermehrt zu. Die Dunkelziffer, weiß man auch bei diesem Kaufhaus, ist enorm hoch.

Etwas paradox ist beinahe schon die Ahndung dieser Diebstahldelikte: DDR-Bürger werden nämlich hierbei wie Ausländer behandelt und fallen, werden sie ertappt, unter das Statut der Sicherheitsleistungen. In Absprache mit der Staatsanwaltschaft wird von ihnen relativ zu ihrem DDR-Einkommen eine Geldbuße verlangt.

Vor dem Hintergrund der besonderen Situation der DDR-Bürger in der konsumträchtigen Westwelt warnt Wolfgang Mönckmeyer jedoch gleichzeitig davor, Ladendiebe zu kriminalisieren. Allerdings sei auch hier bei Jahreswechsel mit einer offensiveren Polizei zu rechnen. -gel-

NOCH BIS ZUM JAHRESWECHSEL soll es Bilder wie dieses vom vorigen Sonnabend geben, dann sind die „Freiparkscheine“ für die DDR-Bürger abgelaufen. An nicht erlaubten Parkstellen wie hier in der Lüchower Langen Straße in Höhe der Kreissparkasse müssen ab Januar 1990 auch die östlichen Nachbarn mit einem Verwarngeld rechnen. Aufn.: J. Feuerriegel

Auf dem Weg zu neuer Partnerschaft

Herzliche Kontaktnahme zwischen den Räten Lüchow und Salzwedel – Altbürgermeister dabei

Lüchow. Zwischen Salzwedel und Lüchow soll es eine Partnerschaft geben. Darüber waren sich Bürgermeister Johannes Hinsch und sein Salzwedeler Amtskollege Siegfried Schneider gestern schon nach kurzen Gesprächen im Grundsatz einig. Wie diese Partnerschaft ausgestaltet wird, muß die Entwicklung ergeben. Aus Salzwedeler Sicht sieht es so aus, daß sich die Beziehungen zu Lüchow mehr auf privater Ebene, alleine schon wegen der Vielzahl alter und familiärer Kontakte, bewegen werden, während eine zwischen Salzwedel und Uelzen ebenfalls initiierte Partnerschaft voraussichtlich mehr auf ökonomischem Gebiet ihre Inhalte finden wird.

IM GRUNDSATZ EINIG über die Aufnahme einer Partnerschaft zwischen Lüchow und Salzwedel waren gestern die Bürgermeister Siegfried Schneider (links) und Johannes Hinsch, hier beim angeregten Gespräch während des Empfangs im Amtshaus.
Aufn.: R. Stremmler

Die 13 hauptamtlichen Mitglieder des Salzwedeler Rates, dazu der frühere Bürgermeister Fritz Meier und einige andere Repräsentanten der Nachbarstadt aus der DDR, besuchten Lüchow gestern auf Einladung von Bürgermeister Johannes Hinsch. Die Ansprachen bei der Begegnung im Amtshaus unterstrichen durchweg, daß zwischen Lüchow und Salzwedel einst vor der Teilung ein gutes Einvernehmen bestand, das es nun wiederzubeleben gelte.

Johannes Hinsch hob in seinem Gruß an die Gäste aus Salzwedel die große Freude darüber hervor, „daß sie ihr Joch von sich geworfen haben und wir nach 40 Jahren wieder Verbindungen zu den Schwestern und Brüdern in Salzwedel haben". Früher sei Salzwedel für Lüchow die Schul-, Arzt- und Einkaufsstadt gewesen, nach der Teilung war man zuletzt nur noch durch die Jeetzel verbunden. Vor allem begrüßte Lüchows Stadtoberhaupt, daß durch die friedliche Revolution in der DDR „die Erde der gemeinsamen Heimat nicht mit Blut bedeckt" wurde.

Was die künftigen Beziehungen angeht, betonte Johannes Hinsch: „Wir wollen nicht als Bevormunder auftreten." Man solle in der DDR und Salzwedel selbst den Weg finden, den man in der Zukunft gehen wolle. Zwischen Salzwedel und Lüchow wolle man aneinander herantreten und dabei „abklopfen, wo wir helfen können".

Salzwedels neuer Bürgermeister Siegfried Schneider wurde von Johannes Hinsch herzlich begrüßt: „Ganz jung im Amt und dann gleich eine Auslandsreise . . ." Schneider (CDU), der erst vor wenigen Tagen die Nachfolge des fünf Jahre amtierenden Bürgermeisters Kott antrat, übermittelte die Grüße der Salzwedeler Bürger und begrüßte es vor allem auch, daß die Lüchower Bürger wieder nach Salzwedel kommen dürfen: „Wir freuen uns über jeden, der kommt!" Von Salzwedeler Seite werde man alles unternehmen, um die Beziehungen zwischen den beiden Städten wieder auf ein normales Feld zu bringen, unterstrich der 44 Jahre junge Bürgermeister.

Die Vereinbarungen zwischen Bundeskanzler Kohl und Ministerpräsident Modrow hätten die Grundlage für die individuelle Ausgestaltung solcher Beziehungen geschaffen. Gemeinsam werde man auch die Probleme, die sich aus der Öffnung der Grenze ergeben, bewältigen.

15 Jahre gehört Siegfried Schneider dem hauptamtlichen Rat der Stadt an, dem von 1957 bis 1984 Fritz Meier als Bürgermeister vorstand. „Wir waren ein relativ gutes Gespann und haben versucht, in der derzeitigen Situation das Beste für die Bürger zu machen", sagte Siegfried Schneider. Für Fritz Meier wurden mit dem Besuch in Lüchow Erinne-

rungen wach an die 800-Jahr-Feier Lüchows, der er vor 31 Jahren als Salzwedeler Stadtoberhaupt beiwohnte – was ihm danach in der DDR manche Unannehmlichkeiten eintrug. Er rief mit bewegter Stimme die damaligen Kontakte in Erinnerung, die 1961, nachdem die DDR zugemauert wurde, einschliefen.

Die Zeit ist in Salzwedel seither nicht stehengeblieben; die Stadt hat sich in den vergangenen 30 Jahren weiterentwickelt: Die Einwohnerzahl stieg von 19 000 auf 23 000 Einwohner, berichtete Fritz Meier, auch auf baulichem Gebiet ist es vorwärtsgegangen. Ein Problem stelle die alte Innenstadt dar, die in den nächsten Jahren in Angriff genommen werden muß.

Die Altmark und das Hannoversche Wendland, so Fritz Meier, waren immer miteinander verbunden. Die Beziehungen sollen nun einen neuen Inhalt bekommen, bei dem die menschliche Nähe im Mittelpunkt stehen soll.

Die Salzwedeler Stadtverordnetenversammlung umfaßt 90 Mitglieder, der Rat der Stadt 13 haupt- und vier ehrenamtliche Mitglieder, letztere für die vier Ortsteile zuständig. Das Durchschnittsalter des Rates beträgt übrigens nur 36 Jahre. Die Arbeit im Rat, erläuterte Siegfried Schneider, werde derzeit besonders vom Mangel bestimmt. Angesichts der schlechten Versorgung in Krankenhäusern und Altenheimen zum Beispiel, bedeutete er seinem Lüchower Amtskollegen, sei jede Hilfe willkommen. Die wirtschaftliche Lage zwinge dazu.

Der Auftakt des Essens im „Marktkeller", zu der die Stadt Lüchow ihre Gäste einlud, hatte fast symbolhaften Charakter: Wendländische Hochzeitssuppe (zu der es übrigens jenseits der Grenze ein altmärkisches Pendant gibt) wurde gereicht. Der herzliche Empfang im Amtshaus bewirkte, daß sich zwischen den Ratsmitgliedern aus den Nachbarstädten schnell Gespräche entwickelten, in kleinen Gruppen ging es alsdann durch die Stadt.

-rst-

Tiere entlang der Grenze gefilmt

Ulrich Herbst an den Dreharbeiten beteiligt

Schletau. „Tierleben am Grenzstreifen" heißt ein Film mit vielen Aufnahmen aus diesem Landkreis, den das Dritte Fernsehprogramm des NDR am morgigen Sonnabend ab 17 Uhr sendet. Von der Lauenburgischen Seenplatte entlang der Elbe und weiter bis nach Bayern erstrecken sich die Filmaufnahmen über das „unnatürliche Paradies".

Kormorane, Fischreiher, aber auch Moorfrösche, Kraniche, Störche und Wildenten werden in dem 45 Minuten langen Streifen gezeigt. An den Filmaufnahmen war auch der Schletauer Forstbeamte Ulrich Herbst beteiligt.

In den vergangenen Jahrzehnten bildeten sich entlang der Grenze zur DDR ökologisch wertvolle zusammenhängende Feuchtbiotope und Ruhezonen. Die bisher undurchdringlich gewesene Zonengrenze schuf in dem Geländestreifen beispielslose Rückzugsgebiete für aussterbende und bedrohte Tierarten. Hierüber vermittelt der Film einen interessanten Einblick.

Es wird aber auch die Frage gestellt, ob die Erfahrungen über die von selbst entstandenen Biotope auch auf neu zu schaffende Feuchtgebiete übertragen werden können. Durch die jetzt fallende Zonengrenze dürften sich auch die Verhältnisse in der unberührten Natur ändern.

Im Film appelliert Autor Henry Malkowski deshalb, daß es wichtig sei, dieses zwangsläufig entstandene Kleinod der Natur auch in Zukunft unverändert zu erhalten, es zumindest aber auch so wenig wie möglich zu berühren.

-gg-

Neues Forum: Grenzzäune abbauen

Kundgebung in Dömitz – Krankenhaus und Radweg gefordert

Dömitz. Rund 200 Menschen nahmen in Dömitz an einer Kundgebung teil, zu der das Neue Forum aufgerufen hatte. Sprecher dieser Gruppe wiesen auf kommunale Probleme hin, so wurde z. B. gefordert, für den Kindergarten in Klein Schmölen eine Küchenkraft sowie einen Hausmeister einzustellen. HO- und Konsumverkaufsstellen sollten zu einem Betrieb zusammengefaßt werden, und hinsichtlich der Gaststätten wurde der Wunsch geäußert, eventuell bundesdeutsche Partner an der Gastronomie zu beteiligen.

Ein wesentlicher Teil der Rede, welche der Sprecher des Neuen Forums, Peter Schulz, hielt, befaßte sich mit der Absicht staatlicher Stellen, Grenzeinheiten bei Dömitz zu reduzieren. Dadurch frei werdende Gebäude, so regt das Neue Forum an, solle gesellschaftlichen Zwecken zur Verfügung gestellt werden, z. B. einem Krankenhaus. Ein solches habe seinerzeit den Grenzanlagen ebenso weichen müssen wie ein Schwimmbad.

Eine weitere Forderung des Neuen Forums: Grenzzäune sollten zuerst im Bereich der Stadt Dömitz abgebaut werden. Gedacht wurde im Verlauf der Kundgebung der Toten, die bei dem Versuch, die Grenze zu überwinden, in den vergangenen Jahren ums Leben kamen. Vorgeschlagen wurde vom Neuen Forum, die nun wieder zugänglichen Außenanlagen der Festung Dömitz zu renovieren und einen Fahrradweg zwischen Dömitz und Klein Schmölen anzulegen.

Zum Abschluß der Kundgebung wurde dazu aufgerufen, die Bürger sollten sich den Bemühungen des Rates der Stadt und eines Festkomitees anschließen, um den Bürgern aus der Bundesrepublik am 1. Januar einen freundlichen Empfang zu bereiten als Dankeschön für die Begegnung in Dannenberg.

Schiff fährt nach Wittenberge

Kostenlose Elbtouren über Weihnachten

Schnackenburg. Eine Überraschung bietet die Stadt Schnakkenburg zum Weihnachtsfest: An beiden Feiertagen wird das Motorschiff „Lüneburger Heide“ im Schnackenburger Hafen ablegen und Kurs auf Wittenberge nehmen.

Eine entsprechende Vereinbarung konnte gestern mit zuständigen DDR-Stellen erzielt werden.

Zu der ersten Fahrt am 1. Weihnachtstag hat die Stadt Schnackenburg Passagiere eingeladen. Karten für diese Tour sind also nicht mehr zu erhalten. Die „Lüneburger Heide“ wird mit 300 Passagieren an Bord ab 9 Uhr stromaufwärts fahren und die rund 20 km entfernte Stadt etwa nach 75 Minuten erreichen. In Wittenberge soll den Besuchern aus Lüchow-Dannenberg ein herzlicher Empfang bereitet werden.

Während die Gäste Gelegenheit haben, Wittenberge zu besichtigen, wird das Fahrgastschiff mit 300 DDR-Bürgern gegen 13.30 Uhr in Schnackenburg erwartet. Dort ist ein einstündiger Aufenthalt vorgesehen. Voraussichtlich gegen 15.45 Uhr wird die „Lüneburger Heide“ erneut Wittenberge ansteuern, die Bundesbürger an Bord nehmen und nach 17 Uhr Schnackenburg erreichen.

Für die Fahrt nach Wittenberge am 2. Weihnachtstag ebenfalls ab 9 Uhr sind Freikarten am heutigen Freitag in der Stadtverwaltung in Schnackenburg von 9 bis 11 Uhr erhältlich. Interessierte können sich aber auch an die EJZ wenden. 150 Karten liegen heute in der Geschäftsstelle in Lüchow, Wallstraße, bereit und werden kostenfrei abgegeben. Teilnehmer beider Fahrten benötigen einen gültigen Reisepaß.

AUSSICHTEN auf ein neues Betätigungsfeld: Lüchows Zollkommissar Reinstein und ein BGS-Bediensteter klärten gestern in Lübbow letzte Fragen vor der heutigen Eröffnung des Grenzübergangs. Aufn.: R. Stremmler

Morgens mit dem Bus nach Salzwedel

Fahrplanänderung tritt Sonntag in Kraft

Lüchow. Vom morgigen Sonntag an tritt im Busverkehr zwischen Lüchow und Salzwedel sowie Uelzen und Salzwedel eine Änderung in Kraft, durch die auch Bundesbürgern ein Besuch in der DDR mit dem Bus erleichtert wird. Bislang war der Busfahrplan in erster Linie daran orientiert, DDR-Bürgern den Besuch im Westen zu ermöglichen.

Von Salzwedel nach Lüchow fahren Busse um 8, 9.30, 17 und 19.20 Uhr mit Halt in Bergen (Schützenplatz) etwa 40 Minuten nach Abfahrt, zehn Minuten später in Clenze und etwa nach insgesamt einer Stunde Fahrtzeit in Lüchow.

Ab Lüchow fahren die Busse des VEB Kraftverkehr, der Regionalbus Braunschweig und von ihr beauftragter Unternehmen ab Sonntag täglich um 8.55, 10.50, 15.15 und 18.15 Uhr nach Salzwedel. Haltestellen sind in Clenze 15 Minuten nach Abfahrt in Lüchow, in Bergen (Schützenplatz) fünf Minuten später; Ankunft in Salzwedel etwa nach einer Stunde Gesamtfahrzeit.

Der Fahrpreis von Lüchow nach Salzwedel beträgt vier, von Bergen und Clenze 3 DM sowohl für Bundes- als auch DDR-Bürger. Für die Fahrt von Salzwedel in den Westen im Liniendienst muß der Fahrpreis nach DDR-üblichen Tarifen auch von Bundesbürgern in Mark der DDR entrichtet werden.

5 DM kostet die Fahrt von Uelzen nach Salzwedel. Von dort fahren die Busse um 7.52, 10, 11.25, 15.15 und 18.15 Uhr mit Halt in Bergen an der Post um 9.13 Uhr, in Bergen (Schützenplatz) um 9.40, 10.45, 12.10, 16 und 19 Uhr. Von Salzwedel nach Uelzen fahren Busse vom dortigen Hauptbahnhof um 7.45, 8.45, 10, 13, 16.40 und 19.40 Uhr ab. Sie halten etwa 40 Minuten später in Bergen am Schützenhaus und erreichen Uelzen nach etwa 1,25 Stunden Gesamtfahrzeit.

Die Erfahrung lehrt, daß die angekündigten Fahrzeiten mit Vorsicht zu genießen sind. Zum Teil erhebliche Verspätungen waren bislang an der Tagesordnung. So teilt die Regionalbus Braunschweig mit, daß für die Einhaltung der Fahrzeiten und für das Erreichen von Anschlüssen keine Gewähr übernommen werden kann.

DIE LETZTEN ARBEITEN für die Herstellung des Grenzüberganges Lübbow/Salzwedel wurden gestern mittag abgeschlossen. Die Container für Zoll und Grenzschutz wurden aufgestellt, Lampen angeschlossen und verkabelt.

Salzwedel rückt noch näher

Heute früh wird der Grenzübergang Lübbow offiziell freigegeben

Lüchow. Die sechste Grenzübergangsstelle zwischen der DDR und Lüchow-Dannenberg wird heute früh um sechs Uhr an der alten hannoversch-preußischen Grenzstelle Lübbow an der Bundesstraße 248 in Anwesenheit von Repräsentanten des Landkreises Lüchow-Dannenberg und des Kreises Salzwedel eröffnet.

Die Eröffnung, daran erinnert der Landkreis in einer Stellungnahme, findet statt vor dem Hintergrund sich bereits anbahnender engerer Beziehungen und Kooperationen zwischen den beiden Kreisen und den beiden Städten Lüchow und Salzwedel, deren geschichtliche Verbindung auf viele Jahrhunderte zurückblicken kann.

Von etwa 1100 bis 1320 waren die Grafschaft Lüchow (im Südteil des heutigen Landkreises) und die Mark Brandenburg politisch eng miteinander verknüpft. Ein Lüchower Graf gründete im 12. Jahrhundert das altmärkische Kloster Diesdorf.

Mit der Öffnung des Grenzübergangs Lübbow ist knapp 45 Jahre nach Kriegsende wieder eine wichtige Straßenverbindung von Nord- nach Mitteldeutschland offen, die direkte Strecke Lüchow–Salzwedel–Magdeburg. Hamburg und Magdeburg sind einander dadurch erheblich nähergerückt.

Bei der heutigen Eröffnung des Übergangs Lübbow wird der Posaunenchor Lübbow-Rebenstorf-Bösel unter einem Tannenbaum weihnachtliche Weisen und den Choral „Nun danket alle Gott“ spielen. Die Dorfbewohner werden Glühwein ausschenken und den Kindern Schokoladenpräsente überreichen.

Wie aus Salzwedel zu erfahren war, werden dort umfangreiche Vorbereitungen zum Empfang der Besucher aus der Bundesrepublik am Sonntag getroffen. Man rechnet mit einem gewaltigen Zustrom nach Freigabe des Reiseverkehrs in der Nacht zum 24. Dezember. Unmittelbar hinter dem Grenzübergang Lübbow an der Straße nach Salzwedel wird ein Konsummarkt mit Gaststätte für die Besucher geöffnet sein. Freiwillige Helfer der Konsumgenossenschaften werden an den Ständen Dienst tun. Zwei Gulaschkanonen werden „deutsch-deutsche“ Erbsensuppe austeilen.

„Wir kommen“

– Die Bundesbürger erleben die DDR –

EJZ-Berichte zum 24. bis 31. Dezember 1989

Ein Fest der fröhlichen Begegnung

Neuer Übergang Lübbow stand schon Sonnabend früh in beide Richtungen offen

Lübbow/Salzwedel. Weihnachten 1989 – das war für viele Bundes- und DDR-Bürger im Grenzgebiet zu Lüchow-Dannenberg in diesem Jahr kein Fest der Besinnlichkeit, sondern stand durch die seit dem späten Sonnabend auch für Bundesbürger in Kraft getretene weitgehende Freizügigkeit beim Besuch des Nachbarlandes ganz im Zeichen der fröhlichen Begegnung. Das gilt insbesondere für Lübbow und Salzwedel, wo es am Wochenende gleich doppelten Anlaß zum Feiern gab: Sonnabend früh um sechs Uhr wurde der neue Grenzübergang im Zuge der Bundesstraße 248 eröffnet, ab Punkt Mitternacht offiziell (inoffiziell schon einige Stunden früher) galt die neue Reisefreiheit für Bundesbürger: Auf beiden Seiten der Grenze wurde dies ausgiebig gefeiert, und die Salzwedeler machten ihr Versprechen wahr, daß sie die Gäste genau so herzlich empfangen würden, wie es ihnen seit der Grenzöffnung am 9. November im Westen zuteil wurde.

Aber erst waren die Lübbower an der Reihe: Trotz einiger heftiger Schauer fanden sich am neuen Übergang Sonnabend früh einige hundert Lüchow-Dannenberger ein, um der Zeremonie der Freigabe beizuwohnen und den ersten Altmärkern einen gebührenden Empfang zu bereiten. Die Freigabe vollzog sich zwischen den Offiziellen aus den Nachbarkreisen in partnerschaftlicher Manier: Landrat Werner Meiner brachte die Schere mit, Kreisratsvorsitzender Klaus Merkewitz ein Band, das es zu durchschneiden galt.

Und dann war kaum ein Halten mehr: Wunderkerzen und der Weihnachtsbaum an den Abfertigungscontainern illuminierten die Szenerie, der Posaunenchor stimmte festliche Weisen an, als die ersten DDR-Bürger in Autos, auf Fahrrädern oder zu Fuß den Weg durch das Spalier des stattlichen Begrüßungskommandos auf hiesiger Seite bahnten. Als Allererste passierte Familie Gerke aus Salzwedel in ihrem Wartburg den neuen Grenzübergang. Rund 3 000 Einreisende zählten Bundesgrenzschutz und Zoll in Lübbow in den ersten drei Stunden nach der Freigabe.

Für viele Besucher aus der Altmark war die „Jägerschänke" wenige hundert Meter weiter der erste Anlaufpunkt. Das dort vom Wirt, von der Gemeinde und Bürgern gestiftete Freibier war bald geleert – kein Problem, wo Salzwedel – mit eigener Brauerei! – doch jetzt so nah ist: Ein weiteres 100-Liter-Faß wurde von dort organisiert und passierte unbeanstandet vom Zoll die Grenze.

Auch die Lübbower Feuerwehr trat wieder in Aktion: Ihr Stand mit Getränken, Kaffee und Kuchen, den DDR-Bürgern zum Wechselkurs 1:3 angeboten, war ebenfalls ständig umlagert. Während die „Blauröcke" ausschenkten, hatten die Frauen der Feuerwehrleute ihren Beitrag mit dem Backen von Kuchen und Kaffeekochen geleistet. Die Stimmung war unbeschreiblich.

Auch auf der gegenüberliegenden Seite stand ein Empfangskomitee bereit: In Hoyersburg waren Würstchen- und Getränkestände aufgestellt, fast alles gratis für die Besucher aus dem Westen, die an diesem frühen Sonnabend allerdings nur spärlich eintrafen. Salzwedels Bürgermeister Siegfried Schneider hatte bei der Eröffnung des Grenzüberganges zwar darauf hingewiesen, doch war dies wohl weitgehend im allgemeinen Trubel untergegangen.

Tatsächlich verzichteten die DDR-Grenzbehörden schon diese 18 Stunden vor dem offiziellen Fortfall der Reisebeschränkungen in Lübbow auf Zwangsumtausch, und mancher Bundesbürger, der angab, nur nach Hoyersburg zu wollen, passierte die Grenzabfertigung gar ohne Visumsstempel im Paß. Nur für Reisen weiter in die DDR galten zu dieser Stunde noch die alten Visabestimmungen. Erst im Laufe des Tages nahm die Besucherzahl von Bundesbürgern in das Dörfchen im ehemaligen Sperrbezirk zu und bekam auch das im Gärtnereibetrieb an der Zuckerfabrik Salzwedel eingerichtete Café einigen Zulauf. Unter anderem nahm auch der Spielmannszug Wustrow die neuen Reisemöglichkeiten früh in Anspruch: Ohne Visum ging es mit Autos nach Hoyersburg, wo der Auftritt der jungen Spielleute im Freien und in der Gaststätte mit großem Beifall bedacht wurde.

Während diese menschliche Begegnung ihren ausgelassenen Verlauf auf beiden Seiten der Grenze nahm, trafen sich gleich nach dem offiziellen Akt der Freigabe des Überganges bei Lübbow die Offiziellen beider Seiten im Clubzimmer der „Jägerschänke". Landrat Werner Meiner hob hervor, daß einen Tag nach der Öffnung des Brandenburger Tores jetzt auch Lüchow und Salzwedel aus der jeweiligen Nachbarstadt wieder auf kürzestem Wege zu erreichen sind. Sein Dank galt dem Salzwedeler Kreisratsvorsitzenden Klaus Merkewitz und Bürgermeister Siegfried Schneider, daß sie die Öffnung noch vor Weihnachten ermöglichten.

Den Dank erweiterte Klaus Merkewitz auf alle beteiligten Organisationen, insbesondere auf die Bauarbeiter und Firmen, und schloß namentlich auch Kreisordnungsamtsleiter Alfred Braband ein, der bei ihm „kaum abzuschütteln" war.

Die Politiker und Einwohner aus dem Kreis Salzwedel werden alles tun, um die Beziehungen zu verfestigen, versprach Merkewitz. Er kündigte zugleich an, daß der Kreis Salzwedel einen vierten Grenzübergang im Raum Wittingen/Diesdorf bekommen wird. Übergänge fast alle 20 Kilometer, das gehe schon über das internationale Niveau hinaus, unterstrich er.

Unter den Repräsentanten aus dem Nachbarkreis, die diesem Sektempfang beiwohnten, zu dem der Inhaber der Baufirma Meyer (Uelzen), Fritz Becker, geladen hatte, weilten unter anderem auch der Leiter der Volkspolizeikreisbehörde, Oberstleutnant Michael Schubert, und sein Vertreter Heribert Gall, die nicht nur mit Polizeioberrat Wolfgang Mönckmeyer angeregte Gespräche führten. -rst-

Die Sache mit der Zählkarte

Lüchow. Offensichtlich hat es sich bei allen Bundesbürgern noch nicht herumgesprochen: Zum Besuch in der DDR wird ein Reisepaß benötigt. Die Grenzbediensteten der DDR überprüfen dieses Dokument bei der Einreise und händigen eine Zählkarte aus, die erst bei der Ausreise ausgefüllt (mit Namen, Anschrift, Geburtsdatum und Reisepaßnummer) wieder zurückgegeben werden muß. Rechtzeitiges Ausfüllen hilft also Wartezeiten zu vermeiden.

Wer ohne Reisepaß, aber mit einem anderen eindeutigen Personalpapier die Grenze überqueren möchte, kann sich von den DDR-Grenzern eine Art Ersatzbescheinigung ausstellen lassen, was jedoch gebührenpflichtig ist. Souveniersammler können auf diese Weise übrigens kein Andenken ergattern: Auch dieses Papier ist bei der Ausreise wieder abzugeben.

Nicht eindeutig ist bislang die Handhabung der DDR-Grenzorgane, wie bei der Ein- und Ausreise verfahren wird: Die einen stempeln bei Ein- und Ausreise in den Reisepaß, andere nur bei der Einreise, wieder andere überhaupt nicht.

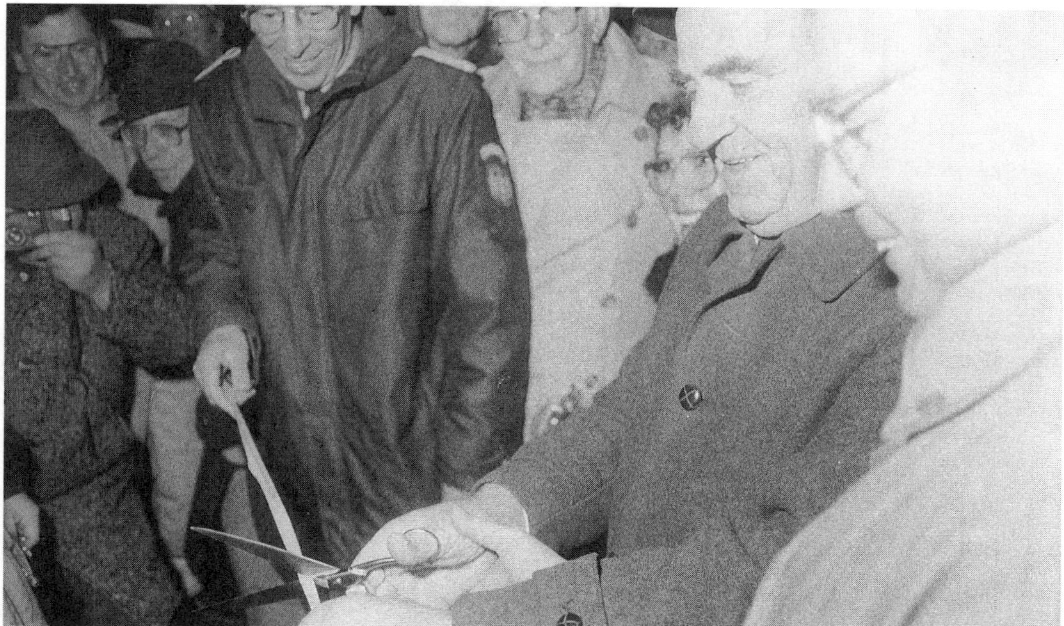

DER HISTORISCHE SCHNITT: Landrat Werner Meiner und der Salzwedeler Kreisratsvorsitzende Klaus Merkewitz gaben Sonnabend früh um sechs Uhr gemeinsam den neuen Grenzübergang Lübbow und damit die direkte Verbindung zwischen Lüchow und Salzwedel frei. 2 Aufn.: R. Stremmler

DIE LÜBBOWER FEUERWEHR als Durstlöscher: Mit kalten Getränken, Kaffee und Kuchen zum neuen Wechselkurs 1:3 bewirteten die Feuerwehrmänner am Sonnabend über viele Stunden die Besucher aus der DDR.

Ein unbeschreibliches Hallo

Altmärker bereiteten einen herzlichen Empfang – Große Fete

Salzwedel. Hatten schon am Sonnabendfrüh die Hoyersburger und Salzwedeler den ersten Bundesbürgern, die vorgezogen über Lübbow die neue Reisefreiheit ausprobierten, einen herzlichen Empfang bereitet, so übertraf die Begrüßung am Sonntag um Mitternacht nach offiziellem Fortfall der Visumpflicht bei vielen Besuchern der Altmark aus der Bundesrepublik alle Erwartungen. Gegen 22.30 Uhr setzte von Lübbow aus die erwartete Einreise in die DDR ein.

Kurz hinter der Grenze, dann in Hoyersburg und wieder in Salzwedel standen die Altmärker Spalier. Ein ohrenbetäubendes Konzert begrüßte vor allem die Autoinsassen: Hände trommelten in freudiger Begrüßung von allen Seiten auf die Autodächer, Getränke wurden gereicht, Feuerwerksraketen schossen gen Himmel, man fiel sich in die Arme, und manche Freudenträne kullerte über die Wangen.

Etwa 1000 Bundesbürger, nicht nur aus den grenznahen Gebieten, sondern auch manche Auswärtige, machten sich in dieser Nacht über Lübbow auf in die DDR, nicht ganz so stark war die Einreise über den Übergang Bergen. Über Stationen in den grenznahen Orten der DDR, wo überall die Bürger auf den Beinen waren, rollten die Autokarawanen nach Salzwedel, wo im Kulturhaus der Erdgasarbeiter in dieser Nacht eine Riesenfete stieg, vom Leiter der Einrichtung und von anderen Organisatoren gut vorbereitet.

Rings um das ausladende Gebäude parkten überwiegend Autos mit DAN- oder UE-Kennzeichen, über dem Eingang hieß ein Transparent die Besucher herzlich willkommen, und drinnen fetzten heiße Rhythmen, wurde getanzt und entluden sich manche Verbrüderungsszenen. Fahnen wurden geschwenkt, die Salzwedeler rot-weiße ebenso wie schwarz-rot-goldene, denen man bei näherem Hinsehen anmerkte, daß in ihnen vor kurzem noch das runde Hammer-und-Zirkel-Emblem der DDR geprangt haben muß. Doch große Politik war bei diesem Treffen nicht angesagt. Die große Freude über die neuen Möglichkeiten der Begegnung stellte alles in den Schatten und überdauerte problemlos auch das Ende des Freibieres nach einigen Stunden.

Auch andere Gaststätten der Stadt hatten zu mitternächtlicher Stunde geöffnet, und so manche Begegnung bahnte sich an. Vertreter des hiesigen Kreiswirteverbandes zum Beispiel tagten dem Vernehmen nach in der „Union" mit Kollegen aus der Altmark. Von einer Geburtstagsfete bei Lüchow wurde spontan ein Bus gechartert, der zum Salzwedeler Kulturhaus rollte, und auch so manches Lüchower und Uelzener Taxi hatte in dieser Nacht seine erste Fahrt über die Grenze, um Bundesbürger nach Salzwedel zu bringen, die mit Rücksicht auf die 0,00-Promille-Grenze nicht mit dem eigenen Wagen fahren wollten.

Im Laufe des Sonntags normalisierte sich die Euphorie, auch in Anbetracht der Vorbereitungen, die ein jeder für sich auf das Weihnachtsfest zu treffen hatte. Nach dem großen Jubel der Nacht fuhren nun viele Lüchow-Dannenberger und Uelzener zum Schauen in die Nachbarstadt – oder um mit Altmärkern, mit denen sie in den vergangenen Wochen Bekanntschaft geschlossen hatten, nun auf der anderen Seite der so durchlässig gewordenen Grenze ein Wiedersehen zu begehen. -rst-

DAS KULTURHAUS der Erdgasarbeiter in Salzwedel war in der Nacht zum Sonntag zur Begegnungsstätte umfunktioniert: So groß war der Andrang der Lüchow-Dannenberger, Uelzener und Altmärker, daß im engen, nur halbseitig geöffneten Eingang mitunter kaum ein Durchkommen war.

Tausende begrüßten die „Lüneburger Heide“ im Hafen

Von überwältigender Herzlichkeit

Nach 40 Jahren wieder Personenschiffahrt zwischen Schnackenburg und Wittenberge

Schnackenburg/Wittenberge. Die Straße am Wittenberger Hafen reichte am ersten Weihnachtstag nicht aus, um die tausende von Menschen zu fassen, die sich dort zur Begrüßung des Fahrgastschiffes „Lüneburger Heide“ mit rund 230 Besuchern aus Lüchow-Dannenberg eingefunden hatten. Selbst von den Dächern der Straßen am Kai grüßten die Wittenberger, und einige kamen dem Schiff gar in Sportbooten entgegen. Durch ein dichtes Spalier von Menschen bahnten sich die Ankommenden den Weg, von links und rechts wurden Hände entgegengestreckt, Geschenke gereicht, auch als Zeichen des Dankes für die Begrüßung im Westen nach Öffnung der DDR-Grenze am 9. November, eine Musikkapelle und eine Combo entboten musikalisch den von dieser Herzlichkeit vollkommen überwältigten Besuchern einen Willkommensgruß.

Vorbereitet von den Bürgermeistern Siegfried Bischoff aus Schnackenburg und Horst Niemeyer aus Wittenberge hatte diese Begegnung mehr privaten denn offiziellen Charakter. So viele Einladungen wurden spontan von den Wittenbergern ihren Besuchern ausgesprochen, daß der Aufenthalt mehrere Tage statt der knapp fünf Stunden hätte dauern müssen, um allen nachzukommen. So schallte es den Lüchow-Dannenbergern bei der Abreise noch laut und lange nach: „Auf Wiedersehen.“ Viele Freundschaften wurden in dieser verhältnismäßig kurzen Zeit angebahnt.

Die Fahrt auf der Elbe setzte einen neuen Meilenstein in den Beziehungen zwischen den Nachbarn. Noch vor der Aufnahme der geplanten Schiffsverbindung zwischen Dresden und Hamburg schaffte Siegfried Bischoff es in unermüdlichem Einsatz, mit Unterstützung seines Wittenberger Amtskollegen und beiden Verwaltungen, das erste Fahrgastschiff nach 40 Jahren zwischen der Bundesrepublik und der DDR auf den Weg zu bringen – und das in beide Richtungen. Die Einreise gestaltete sich unproblematisch. Bei Cumlosen kamen Grenz- und Zollbeamte der DDR an Bord, kontrollierten die Pässe, stempelten sie und überreichten die Zählkarten. Die Tatsache, daß sich neben Bundesbürgern auch Australier, Niederländer und Spanier an Bord befanden, bereitete ebenfalls kaum formale Schwierigkeiten, für sie wie für einige Bundesbürger ohne Reisepaß wurden schnell Ersatzdokumente (gegen Gebühren) ausgestellt, so daß die „Lüneburger Heide“ bald ihre Fahrt fortsetzen konnte.

Beeindruckte schon die unberührte Natur im ehemaligen Sperrgebiet beiderseits der Elbe mit ihrer vielfältigen Vogelwelt, so stellte der Empfang in Wittenberge dieses Erlebnis noch vollends in den Schatten. Schon wenige Kilometer vor der Stadt hatten sich am Ufer einzelne Menschengruppen eingefunden, die dem Schiff zujubelten. Und dann in Wittenberge dieser unvergeßliche Empfang der, wenn auch von verschiedenen Organisationen einschließlich der Kirche vorbereitet, seinen besonderen Charakter durch die Menschen empfing, die ihn gestalteten. Kaum vom

Schiff, wurden die meisten der 230 Besucher schon in Familien „entführt", von einem Gastgeber zum anderen, vom Mittagessen zum Kaffeetrinken weitergereicht, daß manche Sorge hatten, rechtzeitig zur Abfahrt des Schiffes wieder am Hafen zu sein. Stadtrundfahrten rundeten das Tagesprogramm ab.

Der offizielle Teil der Begegnung hielt sich bei diesem Überschwang der Gefühle kurz. Die beiden Bürgermeister und der hiesige Landtagsabgeordnete Kurt-Dieter Grill begrüßten das Zustandekommen der neuen Schiffsverbindung, auch wenn sie vorerst nur für die beiden Weihnachtsfeiertage arrangiert wurde. Als Gastgeschenk wurden dem Wittenberger Ratsvorsitzenden Schreibmaschinen überreicht.

Während die Mehrzahl der Lüchow-Dannenberger die privaten Einladungen annahm, trafen sich die Repräsentanten im „Ratskeller" unter dem repräsentativen, 1914 fertiggestellten Wittenberger Rathaus zum Mittagessen mit anschließender Rathausbesichtigung und Besteigung des 30 Meter hohen Turmes.

Im Bestreben, in der DDR Unterstützung für die Öffnung des Grenzüberganges Kapern-Bömenzien über die Königsbrücke zu bekommen, hatte Schnackenburgs Bürgermeister Bischoff Kontakt zur 30 000 Einwohner zählenden Stadt Wittenberge aufgenommen und Bürgermeister Niemeyer nach Schnackenburg eingeladen. Es ergab sich über das gemeinsame Interesse an dieser Straßenverbindung der ebenfalls übereinstimmende Wunsch, eine Schiffsverbindung in die Wege zu leiten. Die Wittenberger sind seit fast 20 Jahren ohne Möglichkeit, vom heimatlichen Hafen aus Kaffeefahrten auf der Elbe zu unternehmen; auch die „weiße Flotte" der DDR läuft die Industriestadt nicht mehr an. Auch daher ist der große Jubel der Wittenberger verständlich, brachte die „Lüneburger Heide" ihnen schließlich nicht nur Freunde aus Lüchow-Dannenberg, sondern ermöglichte rund 600 von ihnen auch einen Kurzbesuch in Schnackenburg. Und es eröffnete ihnen die Aussicht, in absehbarer Zeit mit dem Schiff regelmäßig in den Westen, und vielleicht auch wieder nach Magdeburg und Dresden fahren zu können.

Einzelheiten der geplanten Linienschiffsverbindung zwischen Schnackenburg und Wittenberge wurden bei diesem Besuch nicht erörtert. Über Grundsätzliches dazu sind die Bürgermeister schon übereingekommen. Bis zur kommenden Saison sollen Details geklärt werden. Bislang sieht die Planung so aus, daß dazu ein Schiff nach Möglichkeit in Schnackenburg konzessioniert werden soll, da auf der anderen Seite kein Schiff zur Verfügung steht. Interesse besteht in Wittenberge natürlich daran, auch von DDR-Seite ein Schiff einzusetzen, um zu einer wirklichen Gemeinsamkeit auch in diesem Verkehr zu kommen. Details werden von den Bürgermeistern in den kommenden Wochen und Monaten geklärt werden.

Von der Samtgemeinde Gartow ist, wie SG-Direktor Hans Borchardt gegenüber der EJZ erläuterte, dem niedersächsischen Minister für Bundes- und Europaangelegenheiten schon ein Antrag überreicht worden, einen regelmäßigen Personenlinienverkehr zwischen den beiden Städten zu schaffen.

Der Freudentaumel der Begrüßung lebte am Nachmittag wieder auf, als es hieß, Abschied zu nehmen. Von der Herzlichkeit der Begegnung her wird es schließlich kein Abschied auf lange Dauer sein. Dennoch floß manche Träne der Rührung in der Menge der zum Teil schunkelnden und in Weihnachtsliedern ihre Freude über diesen Tag zum Ausdruck bringenden Menschen.

Einige neugewonnene Freunde feierten schon am zweiten Weihnachtstag ein Wiedersehen: Die „Lüneburger Heide" brachte erneut Lüchow-Dannenberger nach Wittenberge, holte rund 300 Wittenberger nach Schnackenburg, und nicht alle fuhren nach einstündiger Kurzvisite wieder zurück: Sie blieben noch einige Zeit in den Familien ihrer neuen Bekanntschaften, die sie später mit dem Auto heim nach Wittenberge brachten. -rst-

ÜBERWÄLTIGEND war der Empfang, den die Wittenberger den Besuchern, die mit dem ersten Fahrgastschiff am Montag im Hafen der Industriestadt an der Elbe anlegten, bereiteten. Die Straßen am Hafen waren dicht von Menschen gesäumt (S. 87). Auf dem Weg in die Stadt waren unzählige Hände zu schütteln.
Aufn.: R. Stremmler

Wie ähnlich wir uns doch sind

In der Nacht zum Heiligabend unterwegs in der DDR

Schmarsau/Zießau. Sie hatten ausgeharrt, obwohl sie wußten, daß für Lüchow-Dannenberger der Übergang Schmarsau der Entlegenste überhaupt ist. Nieselregen und Kälte wurde mit Rotkäppchen-Sekt und Bier aus der Halbliterflasche erfolgreich getrotzt. Dort oben in Schmarsau warteten Sonnabend nacht Deutsche, die in den vergangenen 25 Jahren selbst innerhalb der DDR isoliert waren: Menschen, die innerhalb der Fünf-Kilometer-Sperrzone lebten. Ab 21 Uhr war die Grenze auch in Schmarsau für Bundesbürger ohne Visum zu passieren. Wenige Meter hinter dem Metallgitterzaun standen sie, die Bürger aus Zießau und Arendsee, aus Binde, Schrampe und Friedrichsmilde, um mit Keksen, Sekt, Bier und Transparenten ihr – und damit unser aller – Begrüßungsfest zu feiern.

Wie ähnlich wir uns doch sind. Die vier Damen der „Gymnastikgruppe Schrampe“ hätten auch aus Vietze stammen und die Jugendlichen mit ihren Silvesterknallern statt aus der Arendseer Disco aus irgend einem Lüchow-Dannenberger Tanzpalast zu nächtlicher Grenzfete aufbrechen können.

Autoschlangen aus Richtung Westen gab es in Schmarsau in der Nacht vom 23. auf den 24. Dezember nicht. Vielleicht mögen es 80 Wagen gewesen sein, die zwischen 21 und 0 Uhr durch den immer noch deutlich zu erkennenden Todesstreifen fuhren, den Metallgitterzaun passierten und dann nur noch im Schrittempo weiterkamen. Menschen, Transparente, Sektkorken, Kekse, Freude. 23.45 Uhr hielt es die Jugendlichen nicht mehr. Die Salzwedeler Stadtfarben voran ging es in Richtung Westen. Silvesterknaller fielen auf den peinlich gepflügten Boden, der einst die Endstation verzweifelter Fluchten war.

Aus Schmarsau anrollende Pkw wurden bereits am BGS-Grenzcontainer begrüßt, wer wollte, der konnte trinken, trinken, trinken.

„Ich bin der Gastwirt aus Zießau und wenn ihr wollt, dann kommt einfach mit.“ Natürlich kam man mit, in die HO-Gaststätte innerhalb der Fünf-Kilometer-Sperrzone. Das Diplom fällt sofort ins Auge: „Ausgezeichnete Gaststätte.“ Ein paar Stammgäste sitzen noch nach Mitternacht an den Tischen und begreifen, daß für sie alle eine neue Zeit angebrochen ist.

Sperrzone. In Gesprächen wird deutlich, was das heißt. Abgeschnitten vom eigenen Hinterland waren sie – und natürlich vom kapitalistischen Westen. Wer eine Verlobte aus Arendsee hatte, der durfte sie nicht sehen, es sei denn, sie hatte einen Passierschein; rund ein halbes Jahr dauerte die, stets mit einem großen Fragezeichen versehene, Bewilligung des Antrags. Die Menschen waren eingesperrt in ihrem eigenen Land.

„Hochzeitssuppe bekommen sie bei uns, wann immer sie wollen, Saal und Clubzimmer sind selbstverständlich vorhanden.“ Aus den Worten des Wirts spricht solides Selbstvertrauen. Er kann es haben, immerhin hat er zusammen mit einigen Zießauern die heruntergewirtschaftete Wirtschaft eigenhändig wieder auf Vordermann gebracht.

„Darf ich sie zu uns nach Hause einladen?“ Der Direktor des VEB aus Magdeburg, „ich bin nicht in der Partei, das ist selten“, kommt zusammen mit seiner Lebensgefährtin natürlich erst einmal mit nach Zießau. Gegen 3 Uhr werden dort Wirt und Gäste verlassen und hinter dem arg ramponierten Chef-Trabi geht's in Richtung Binde.

Die Datscha ist kaum zu sehen, ein schönes Stück Erde, auf dem man vergessen kann, was draußen an Unzulänglichkeiten das Leben schwer macht. Wie ähnlich wir uns doch sind. Die gleichen Sorgen mit den Kindern, der Fernseher in der Ecke und der Kaffee auf dem Tisch. Das Räuchermännchen wird in der Ferienwohnung das Weihnachtsfest nicht mehr erleben, als Geschenk geht es in Richtung Westen. Gespräche über Politik und Privates, wie wohl in tausenden DDR-Häusern zur gleichen Zeit.

Der Abschied ist herzlich, weil es kein eigentlicher Abschied ist. Man wird sich wiedersehen, spätestens im Januar. Die Grenze ist offen und die Angst der Deutschen aus der DDR, daß dieser Zustand nur ein kurzes Tauwetter ist, beginnt der Zuversicht zu weichen. Wie ähnlich wir uns doch sind und wie nah – seit Sonnabend 21 Uhr. -wi-

VIEL AUSZUHALTEN hatten in der Nacht zum Heiligabend die Autodächer. Auf sie klopften, unser Foto entstand am Grenzübergang Schmarsau, Hunderte von Hände, um damit die Freude über den visumfreien Verkehr zum Ausdruck zu bringen. Auf Transparenten wurden die Besucher aus der Bundesrepublik zudem herzlich willkommen geheißen. Aufn.: H.-H. Müller

Visumsfreie Zeit vorverlegt

Begrüßungsspalier empfing die einreisenden Bundesbürger

Bergen. Am Grenzübergang in Bergen beobachteten die Grenzschutzbeamten den ganzen Tag vor der Öffnung der Grenze am 24. Dezember über den inzwischen gewohnten Verkehr. Mehr bundesdeutsche Autos als früher passierten zwar den weißen Trennungsstrich auf der B 71, aber von einem bevorstehenden Ansturm aus Anlaß der Grenzöffnung war nichts zu bemerken. Anders als in Lübbow machten die DDR-Beamten fast keine Ausnahmen vom Visumszwang.

Die Situation änderte sich ziemlich pünktlich gegen 24 Uhr in der Nacht zum Sonntag. Waren die Fahrzeuge bis zu diesem Zeitpunkt noch einzeln an der Grenzkontrollstelle angelangt, so bildete sich jetzt innerhalb von 15 Minuten ein Stau. Diesmal jedoch lag es nicht an den Uniformierten auf DDR-Seite. Sie warfen nur einen kurzen Blick auf die Ausweispapiere der Einreisenden, drückten ihre Stempel hinein und winkten die Fahrzeuge durch.

Die Sperre kam erst dahinter. Dort hatten sich hunderte von DDR-Bürgern zur Begrüßung eingefunden. Sie bildeten ein dichtes Spalier, fahnenschwenkend, kerzenhaltend, das ein Durchkommen allenfalls im Schrittempo erlaubte. Immer wieder mußten die Autos mit den Kennzeichen vor allem aus Uelzen und Lüchow-Dannenberg anhalten, mußten die Insassen Hände schütteln, wurden ihnen Begrüßungsschlucks gereicht. Kaum jemandem gelang es, den geplanten Zeitpunkt seiner Ankunft in Salzwedel einzuhalten.

Bereits am Sonnabendnachmittag wurden in den Dörfern auf dem Weg von Bergen nach Salzwedel „Begrüßungsstellen“ eingerichtet. Transparente, zum Beispiel in Brietz und Cheine, hießen die Bundesbürger, die ab 24 Uhr ohne Visum einreisen würden, willkommen. Gegen 22 Uhr dann hatten die DDR-Beamten ein Einsehen und verlegten die visumsfreie Zeit vor.

Insgesamt 2 300 Personen passierten in diesen Stunden kurz vor und nach dem Ende der Visumszeit den Bergener Grenzübergang. Ab ein Uhr am 24. Dezember kehrte wieder Ruhe ein. Wie von den Grenzbeamten bereits vorhergesehen, nahm der Verkehr erst wieder an den Weihnachtsfeiertagen zu. Am Montag waren es knapp 6 000 Personen, die Richtung Salzwedel fuhren. Am Dienstag hatten es ihnen bis 14 Uhr 7 000 Personen nachgemacht. Von da ab setzte der „Kaffeeverkehr“ ein, stündlich 2 300 Personen. Anders als am 1. Weihnachtsfeiertag kam es jedoch am Dienstag nicht mehr zu einem Rückstau der Fahrzeuge.

Die ruhige Zeit vor dem großen Ansturm hatten die Grenzer auf beiden Seiten des Schlagbaums zu ihrer Bescherung benutzt. Am 21. Dezember bereits war auf westlicher Seite ein DDR-Grenzbeamter in Begleitung des Weihnachtsmannes erschienen. Für den 23. Dezember hatte man sich erneut verabredet. -fk-

TRANSPARENTE und „Begrüßungsstellen“ wiesen den Bundesbürgern den Weg vom Grenzübergang Bergen nach Salzwedel. In Cheine, Brietz und anderen Orten wurden Imbiß- und Getränkestände organisiert, an denen die Altmärker die Gäste nach Ausbruch der visumsfreien Zeit begrüßen wollten.

Fragezeichen hinter den geplanten Autofähren

Unterschiedliche Prioritäten gesetzt

Anfragen an Bund und Land gerichtet – Wirtschaftlichkeit und Finanzierung noch offen

Lüchow. Von wo aus und wann wird die erste Autofähre den Landkreis Lüchow-Dannenberg mit einem DDR-Ort am rechten Elbufer verbinden? Mit diesen Fragen befassen sich nicht nur die Einwohner und Kommunalpolitiker der zahlreichen Ortschaften und Gemeinden an der Elbe, sondern auch die Beamten bei der Bezirksregierung in Lüneburg und in der Kreisverwaltung in Lüchow. Auch auf DDR-Seite, so im Rat des Kreises Hagenow, hat man sich Gedanken über die günstigen Fährverbindungen gemacht. Vergleicht man die verschiedenen Standpunkte, so herrscht nur wenig Einigkeit über das Wo und Wann.

Völlig offen sind die Fragen der Wirtschaftlichkeit und der Finanzierung der geplanten Autofähren, und: Welche Seite soll als Betreiber der Fähren fungieren? Ob nun freie Unternehmer auf bundesdeutscher Seite oder staatliche Stellen in der DDR den Fährverkehr abwickeln sollen, darüber existieren verschiedene Ansichten.

Finanzierungsmodelle über Kauf und Leasing sind denkbar. Die Anschaffung einer einzigen Lastenfähre wird 200 000 DM bis 300 000 DM kosten. Bereits vor rund zwei Wochen hat die Kreisverwaltung reagiert und Anfragen hinsichtlich der Bezuschussung an die zuständigen Behörden bei Bund und Land gerichtet. Eine Antwort habe die Kreisverwaltung bisher noch nicht erhalten, berichtete Oberkreisdirektor Klaus Poggendorf. Im neuen Jahr wolle seine Behörde bei den verantwortlichen Stellen nachhaken.

Auf Anfrage der Bezirksregierung in Lüneburg hat die Kreisverwaltung eine Prioritätenliste erstellt, aus der hervorgeht, welche Elbgrenzübergänge bei der Beschaffung von Lastenfähren bevorzugt berücksichtigt werden sollen. Nach Meinung der Beamten im Kreishaus sollte als erstes die Verkehrsverbindung zwischen Kaltenhof und Dömitz mit einer Autofähre ausgebaut werden. Dadurch kann der Fernverkehr in Richtung der DDR-Kreisstadt Ludwigslust und weiter zur Bezirkshauptstadt Schwerin wiederbelebt werden.

Als nächstes solle dann der Lastenverkehr zwischen Pevestorf und Lenzen mit Hilfe einer größeren Fähre ausgebaut werden. Wittenberge und Perleberg sowie Grabow und Ludwigslust könnten über diese Verbindung mit Pkw und Lkw schneller erreicht werden. Auf Rang drei in der Prioritätenliste rangiert der Grenzübergang zwischen Neu Darchau und Darchau.

Aufgrund der begrenzten Kapazität von Autofähren und damit verbundenen Wartezeiten, so OKD Poggendorf, rechne er damit, daß die Verkehrsströme den Umweg über den Landweg, das heißt über den Grenzübergang bei Lauenburg, in Kauf nehmen werden. An eine Autofähre, die wie vor dem Krieg Hitzacker mit Herrenhof verbindet, ist auf seiten der Kreisverwaltung nicht gedacht.

Auch nach Auskunft des Leiters des Dezernats Häfen und Schiffahrt bei der Bezirksregierung, Walter Klingenhäger, steht eine Lastenfähre bei Hitzacker nicht zur Debatte. Nach seiner Meinung sei die entscheidende Frage für die Inbetriebnahme einer Fährverbindung, ob der Lastenverkehr das ganze Jahr über problemlos über die Elbe geleitet werden könne. Dies sei vornehmlich von den Wasserständen der Elbe und den verkehrstechnischen Anbindungen wie Zuführungsstraßen und Fähranlegern abhängig.

Die besten Voraussetzungen für einen zügigen Ausbau eines Elbgrenzüberganges bieten sich nach Auffassung von Klingenhäger in Neu Darchau. Schon bei „Jahresmittelwasser", wie es die Elbe zur Zeit führe, habe es an den Fähranlegern in Pevestorf, Kaltenhof und Hitzacker Probleme gegeben, die zur Einstellung des Personentransports führten. In Neu Darchau und auch in Bleckede existieren derlei Schwierigkeiten nicht, sagte der Dezernatsleiter.

Ein weiteres Plus für Neu Darchau sei, daß die Straße zum alten Fähranleger eine Landesstraße sei, die vom Land auch ausgebaut und unterhalten werden müsse. Zu anderen Übergängen würden zumeist nur Kreisstraßen führen. Zudem müsse beim Ausbau von Fähranlegern und Anbindungsstraßen an Konflikte mit dem Naturschutz gedacht werden. Einige Schiffsanlegepunkte, die zur Zeit von Personenfähren angelaufen werden, liegen in Naturschutzgebieten, gab Walter Klingenhäger zu bedenken.

Eine Zuschußfinanzierung von 100 Prozent für den Kauf von Fährschiffen könne er sich nicht vorstellen, sagte der Dezernatsleiter. Langfristig müsse es das Ziel sein, daß sich eine Wagenfähre selbst finanziert. Dies hänge maßgeblich davon ab, inwieweit Wirtschaftsunternehmen eine Fährverbindung nutzen werden. Staatliche finanzielle Unterstützung könne es nur als Starthilfe geben wie bei den Elbfähren in Hoopte und Glückstadt.

Prioritäten hat mittlerweile auch der Rat des Kreises Hagenow gesetzt, der auf DDR-Seite zur Zeit für die Personenfähren aus Bleckede, Neu Darchau und Hitzacker zuständig ist. Nach Aussagen von Gerhard Wesser, des stellvertretenden Vorsitzenden des Rates des Kreises Hagenow, bestehen auf DDR-Seite die besten Verkehrsanbindungen zum Hinterland in Darchau. Mit dem relativ geringsten Aufwand könne dort eine Autofähre anlegen und der weitere Verkehrsfluß vernünftig reguliert werden, meint Wesser. Pläne für eine Autofähre von Bleckede aus lägen ebenfalls vor. Allerdings sei diese Verbindung weit aufwendiger und wohl erst später zu realisieren. In Hagenow gehe man davon aus, daß die Fährlinie zwischen Hitzacker und Herrenhof als Personentransport bestehen bleibe. -as-

Landrat und Oberkreisdirektor bilanzieren das Jahr 1989:

In die Mitte Deutschlands gerückt

Fremdenverkehr weiter im Aufwind – Aktive Strukturpolitik – Zu neuen Ufern

Lüchow-Dannenberg. Das bedeutendste Ereignis im Berichtsjahr war zweifellos der 9. November, der Tag, an dem die Grenze für die Menschen in Altmark, Prignitz und Mecklenburg geöffnet wurde. Fast 45 Jahre seit Kriegsende hatte die Spaltung Deutschlands diesen Landkreis durch die schier unüberwindliche „Grenze" aus Metallgitter und Türmen von seinem natürlichen Hinterland auf drei Seiten abgeriegelt. Er war zum „Zonenrandgebiet" geworden mit allen sich daraus ergebenden Strukturproblemen und spezifischen Strategien.

Niemand konnte sich vorstellen, daß dieses so fest zementierte System der Abriegelung sich so schnell und so grundlegend verändern würde. Der 9. November hat über Nacht eine völlig neue Situation für den Landkreis geschaffen. Wie eine führende deutsche Zeitung schrieb: „Lüchow-Dannenberg liegt jetzt mitten in Deutschland." Wir alle stehen noch unter dem frischen Eindruck des historischen Ereignisses mit seinen dramatischen und seelisch aufrüttelnden Abläufen.

Was am 9. November zunächst noch wie eine bloße taktische, zeitlich befristete Ventilöffnung aussah, hat seit jenem Tag mit ungeheurer Beschleunigung, unter dem Druck einer friedlichen Revolution, zu einer Entwicklung mit zur Stunde noch gar nicht abschätzbaren Konsequenzen geführt. Eines ist schon jetzt sicher: Was wir in diesen Tagen grenznah erleben, erweist sich immer mehr und immer deutlicher als die erste entscheidende Phase einer deutsch-deutschen Annäherung, die auf Kreis-, Kommunal- und Privatebene, zum Teil völlig spontan, schon zu vielfältigen Verzahnungen, Kooperationen und Kontakten geführt hat.

In den landsmännischen Wiederbegegnungen an den Straßenübergängen, an den Fähren, in den Städten und Dörfern unseres Landkreises entlud sich in vielen Freudentränen die Spannung, die sich in jahrzehntelanger, widernatürlicher Trennung angestaut hatte. Groß waren die organisatorischen Aufgaben, die in den wenigen Wochen seit der Öffnung völlig überraschend und in diesem Ausmaß nicht vorhersehbar auf den Landkreis, Kommunen und andere Dienststellen sowie Hilfsorganisationen zukamen.

Etwa 470 000 DDR-Besucher strömten in diesen Landkreis. Zahlstellen für das Begrüßungsgeld mußten eingerichtet, technische Verhandlungen mit den zuständigen DDR-Organen geführt, Straßenübergänge und Fähren in kürzester Frist eingerichtet, Ver-

SEKTKORKEN KNALLTEN, als „Westautos" am Grenzübergang Schmarsau durch das Spalier der erst hinter und schließlich weit vor dem Metallgitterzaun wartenden DDR-Bürger fuhren. Hungrig und durstig brauchte keiner der Besucher den Weg in Richtung Schrampe/Arendsee anzutreten, vom Plätzchen bis zum Rotkäppchen-Sekt hatte das vielköpfige „Begrüßungskomitee" alles dabei.
2 Aufn.: H.-J. Wicht

kehrsprobleme gelöst werden. An Begrüßungsgeldern wurden allein nach Öffnung der Grenze ab 9. November 1989 bis Redaktionsschluß rund 7,6 Mio. DM bezahlt. Zusätzlich hat die Bundespost Begrüßungsgelder ausgezahlt.

In enger Zusammenarbeit mit allen zuständigen Stellen und Hilfseinrichtungen konnten alle Aufgaben, die sich aus der neuen Entwicklung ergaben, bewältigt werden. Alle Beteiligten haben wesentlich dazu beigetragen, daß Hilfe auf allen Ebenen unbürokratisch im Interesse der DDR-Besucher geleistet werden konnte. Lobenswert waren auch die vielen spontanen privaten Initiativen zur sozialen Betreuung der DDR-Besucher zusammen mit den Hilfen und Helfern der Organisationen der freien Wohlfahrtspflege, des DRK, der Feuerwehr, des Technischen Hilfswerks und der Polizei.

Wie weit bereits innerhalb von vier Wochen die verkehrsmäßige Vereinigung zwischen dem Landkreis Lüchow-Dannenberg und seinen benachbarten Landkreisen in Altmark, Prignitz und Mecklenburg fortgeschritten ist, zeigt folgende Übersicht:

Elbe-Fußgängerfähren: Hitzacker/Brandstade Öffnung am 19. November, Neu Darchau/Darchau Öffnung am 26. November, Pevestorf/Lenzen Öffnung am 2. Dezember und Kaltenhof/Dömitz Öffnung am 7. Dezember.

Grenzübergangsstellen: Schmarsau/Schrampe eröffnet am 18. November, Lübbow/Salzwedel eröffnet am 23. Dezember.

Erste offizielle Kontakte und Besprechungen über mögliche Kooperationen haben inzwischen mit den Kreisen Salzwedel und Osterburg stattgefunden. Diese Kontakte werden demnächst auf andere Nachbarkreise in der DDR ausgedehnt und ausgebaut werden.

(gekürzt)

AUSGELASSEN feierten zahlreiche Jugendliche, im Konvoi von einer Arendseer Disco nach Schmarsau/Schrampe gekommen, die Grenzöffnung. Der Sekt floß in Strömen, erst weit nach Mitternacht machten sie sich auf den Heimweg. (27. 12. 89)

Die Freude über die Grenzöffnung steht diesen jungen Leuten am Grenzübergang Bergen/Dumme ins Gesicht geschrieben.
Aufn.: R. Stremmler (13. 11. 89)

Wer auf sich hält, trägt Reisepaß

Und man trägt's mit Fassung – „In“ und „out“ im Wendland zur Jahreswende

Lüchow. Paris, Mailand, Berlin und die anderen Zentren der Haute Couture mit den Salons der international renommierten Modemacher sind weit. Böse Zungen sagen, daß in Lüchow-Dannenberg aufgetragen wird, was vor zwei Jahrzehnten auf den Laufstegen der Modestädte als letzter Schrei propagiert wurde. Das mag vielleicht für Maskenbälle auf den Dörfern durchaus seine Richtigkeit gehabt haben, doch die Entwicklung hat sich umgekehrt: Seit dem 9. November ist der grenznahe Bereich den entfernten Großstädten um einiges voraus in der Frage, „was man trägt“.

Ein wesentliches Accessoir des zeitbewußten Lüchow-Dannenbergers ist grün und rot, etwa in der Größe eines Einstecktuches und wird dezent verdeckt getragen: Wer auf sich hält, trägt den Reisepaß. Wer ihn nicht besitzt, ist einfach out. Man schaue in die betretenen Mienen an den Grenzübergängen. So gerne würden sie auch mal nach drüben fahren. Aber ohne dieses kleine Accessoire geht's eben nur mit einem Zehner und mit Anstehen. Tja, schon Gorbatschow hat es erkannt: Wer zu spät kommt, den straft das Leben. Eben: Noch ein paar Wochen warten auf den Paß, wer nicht rechtzeitig vorgesorgt hat.

Was man sonst noch in Lüchow-Dannenberg trägt: Zum Beispiel trägt man den Zweitaktermief mit Fassung. oder man trägt sich mit dem Gedanken, fortzuziehen, weil die jahrzehntelange Ruhe in den Städten dahin ist (übrigens: absolut out ein solches Denken).

Apropos out: Out ist in Lüchow seit dem November die Nordumgehungsstraße. Was sind schließlich die paar Kartoffeltrecker gegen den Trabikonvoi, der tagtäglich vom Süden in die Stadt einfällt. (Apropos einfällt: Ein Fleißkärtchen dem Kommunalpolitiker, dem einfällt, daß zur sinnvollen Südumgehung auch ein stadtnaher neuer Parkplatz gehört.)

Nach dem „Out“ wieder zum „In“. Daß Verwandte, zumindest Bekannte in der DDR für Lüchow-Dannenberger zum „Muß“ gehören, ist eigentlich keine Frage mehr. „In“ sind außerdem: Salzwedeler Bockbier, Baumkuchen (jetzt erst recht), und bei Rauchern DDR-Zigaretten, fürs gute Gewissen: Kein Gesundheitsminister, der da auf den Packungen seinen Senf dazuzugeben sich anschickt, von wegen Rauchen gefährdet ihre Gesundheit . . . Über den Geschmack der Glimmstengel von drüben läßt sich streiten, aber ohne diesen Aufdruck: Da tun sich für die Zigarettenproduzenten aus dem anderen Deutschland ganz neue Marktchancen auf. Das mit westlichem Marketing-Know how richtig lanciert . . . Das HB-Männchen bekommt schon Sorgenfalten.

„Out“ hingegen dürften vorübergehend die Buchhandlungen in Salzwedel und anderen grenznahen DDR-Orten sein. Was haben dort bislang die Bundesbürger eingekauft, die mit ihren 25 Mark Zwangsumtausch nichts besseres anzufangen wußten. Die Buchhändler drüben hielten sogar eine Schere bereit, um die Tütchen aufzuschneiden, in die die 25 M eingeschweißt waren. Kein Mindestumtausch mehr: Das Geschäft drüben wird vermutlich darunter leiden. Obwohl es gerade beim künftigen Wechselkurs von 1:3 für Leseratten immer noch lohnt, dort mal durch die Bücherregale zu stöbern. Nicht allein des günstigen Einkaufs wegen (wir wollen dem Ausverkauf der DDR ja nicht das Wort reden), wohl aber wegen des etwas anderen und zugleich doch niveauvollen Literaturangebotes.

Die Öffnung der Grenze eröffnet schließlich alten, fast vergessenen Handwerkszweigen neue Märkte. So hätte am Übergang Lübbow, solange die Straße bis Salzwedel noch nicht ausgebaut ist, ein Schuhputzer durchaus Aussicht auf einen geregelten Lebensunterhalt. Oder ein Stelzenbauer: Wenn es nicht gerade friert, empfiehlt sich solche Gehhilfe für Fußgänger in Richtung Salzwedel angesichts der tiefmorastigen Straßenseitenräume.

Zu guter Letzt: „In“ ist auch Freundlichkeit gegenüber den Grenzorganen der DDR, auch wenn man mit dem einen oder anderen vor dem 24. Dezember schlechte Erfahrung gemacht hat. Man unterstelle, daß die Mehrzahl von ihnen, wenn es zu schikanösen Kontrollen kam, nicht brummig sein wollte, sondern mußte. Die überwiegende Erfahrung seit dem Fortfall der Reisebeschränkungen unterstreicht diese These.

-rst-

Ausländer brauchen Einreiseerlaubnis

Lüchow. Die vereinfachten Einreisemöglichkeiten in die DDR gelten ausschließlich für Bundesbürger, nicht für Ausländer, auch wenn sie in der Bundesrepublik leben und mit einem Bundesbürger verheiratet sind. Ausländer brauchen nach wie vor eine Einreiseerlaubnis in die DDR, die nicht am Grenzübergang erteilt wird. Darauf weist das Niedersächsische Ministerium für Bundes- und Europaangelegenheiten hin.

Die Ein- und Ausfuhr von Mark der DDR ist – auch für Bundesbürger – bei Reisen in die DDR verboten. Die Mitnahme von DM ist in unbegrenzter Höhe möglich. Ab 1. Januar gilt der offizielle Umtauschkurs von 1 DM = 3 Mark der DDR.

Hunde und Katzen dürfen mit in die DDR reisen, wenn die Tiere gesund sind und eine gültige Tollwutschutzimpfung haben. Dies muß sich aus einem amtstierärztlichen Veterinärzeugnis (nicht älter als 5 Tage) oder einem amtstierärztlichen bestätigten Impfpaß ergeben.

Blick zurück auf 1989 im Kreise Lüchow-Dannenberg

Jetzt wieder mitten in Deutschland

1989 brachte den Durchbruch durch Grenzzaun und Mauer – Was sonst noch geschah

Noch zu Beginn des alten Jahres gingen Bundesbahn und Landkreis in den Clinch wegen der immer weiter fortschreitenden „Ausdünnung" des Güter-Bahnverkehrs mit Schließung und Abbau der Verladestationen. Die Ereignisse am Ende des Jahres werden von der Bahn nun für 1990 neue Konzeptionen im Güter- und Personenschienenverkehr fordern, denn hier ist nun nicht mehr das Ende der Welt des Westens.

(gekürzt)

Nichts anderes kann einem Rückblick auf das Jahr 1989 und die Ereignisse in unserem Landkreis voranstehen als die Öffnung der deutsch-deutschen Grenze in beiden Richtung an vielen neuen Übergangsstellen. Auch bei uns wurde der Übergang Bergen/Dumme durch weitere entlastet. Am 19. November nahm zum ersten Mal seit über 44 Jahren eine Elbfähre die Übersetz-Verbindung zwischen Hitzacker und Herrenhof (DDR) wieder auf. Die unblutige November-Revolution der Bürger der DDR hat den Durchbruch durch Grenze und Mauer in Deutschland gebracht, wo vor noch nicht langer Zeit auf Grenzgänger geschossen wurde. Ein denkwürdiges Jahr, das es mit sich brachte, daß unser Landkreis aus seiner absoluten Randlage heraustreten kann und – trotz verschiedener Regierungssysteme beider deutschen Staaten – wieder mitten in Deutschland liegt und von Osten her frei zugänglich ist.

DIE TRABI-LAWINE rollt: An den ersten Tagen nach dem 9. November reichte der Rückstau zum Grenzübergang Bergen bis weit nach Salzwedel hinein.

Aufn.: EJZ-Archiv

Zeitleiste der Ereignisse zur Grenzöffnung 1989

Bundesrepublik/DDR

2. 5. 1989
Abbau des ungarischen Grenzzauns zu Österreich, Beginn der Flucht von DDR-Bürgern

14. 8. 1989
Erich Honecker weist in Erfurt Kritik zurück: „Den Sozialismus in seinem Lauf hält weder Ochs noch Esel auf“

11. 9. 1989
Die Bürgerrechtsbewegung „Neues Forum“ um Bärbel Bohley und Jens Reich konstituiert sich, wird aber am 21. September für staatsfeindlich erklärt

25. 9. 1989
Montagsdemonstration in Leipzig mit 6 000 Teilnehmern

30. 9. 1989
„Tag von Prag“: 6 500 DDR-Bürger dürfen ausreisen

7. 10. 1989
40. Jahrestag der DDR, Gorbatschow mahnt in Ost-Berlin Reformen an: „Wer zu spät kommt, den bestraft das Leben.“ Demonstrationen kritischer DDR-Bürger werden niedergeknüppelt. Gründung der Sozialdemokratischen Partei in der DDR (SDP), Vorsitz Ibrahim Böhme

9. 10. 1989
70 000 Leipziger demonstrieren gegen die DDR-Führung

18. 10. 1989
Sturz Erich Honeckers, Egon Krenz wird Parteichef

23. 10. 1989
300 000 Leipziger demonstrieren für Reformen: „Wir sind das Volk“

Wendland/Altmark/Mecklenburg

22. 9. 1989
Beginn der Treffen von Bürgern in Salzwedel, die später das „Neue Forum“ gründen

20. 10. 1989
Friedensgottesdienst in Wittenberge mit anschließender Demonstration

26. 10. 1989
Günter Schabowski trifft erstmals Vertreter des Neuen Forums

1. 11. 1989
Egon Krenz trifft Gorbatschow

3. 11. 1989
DDR erlaubt direkte Ausreise Zehntausender ihrer Bürger aus der ČSSR in die Bundesrepublik

4. 11. 1989
Größte Demonstration der DDR (über eine Million) auf dem Alexanderplatz in Ost-Berlin

7. 11. 1989
Rücktritt der Regierung Stoph

8. 11. 1989
Rücktritt des Politbüros, Hans Modrow neuer Ministerpräsident

9. 11. 1989
Günter Schabowski kündigt Reisefreiheit für alle an, abends Grenzöffnung; hunderttausende DDR-Bürger besuchen kurzfristig die Bundesrepublik

10. 11. 1989
Lothar de Maizière wird neuer Vorsitzender der CDU in der DDR

13. 11. 1989
Volkskammer wählt Hans Modrow zum Ministerpräsidenten

26. 10. 1989
Gemeinsame Erklärung des Neuen Forum Salzwedel vor 2 000 Bürgern in der Katharinenkirche: Forderung nach umfassendem Dialog und demokratischer Umgestaltung des Sozialismus

4. 11. 1989
Demonstration des Neuen Forum in Salzwedel mit 8 000 Teilnehmern, die gemeinsame Erklärung (s. 26. 10.), unterzeichnet von 500 Bürgern, wird verlesen

10. 11. 1989
Als erster DDR-Bürger kommt Bruno Friedrich kurz nach Mitternacht aus Salzwedel über den Grenzübergang Bergen ins Wendland

11.–12. 11. 1989
50 000 Besucher aus der DDR im Wendland

14. 11. 1989
CDU-Politiker Kurt-Dieter Grill und Hans Wojahn fordern Wiederaufbau der Dömitzer Brücke

16. 11. 1989
Bürgerinitiative zur Gründung einer unabhängigen altmärkischen Regionalzeitung

17. 11. 1989
Synode des Kirchenkreises Salzwedel fordert Ausschuß über Mißbrauch von Macht

18. 11. 1989
Grenzübergang Schmarsau–Schrampe eröffnet; Landkreis schlägt Landesregierung neun Grenzübergänge im Wendland vor

18.–19. 11. 1989
Buslinie Salzwedel–Lüchow–Dannenberg und Salzwedel–Bergen–Uelzen eröffnet, 60 000 DDR-Besucher im Wendland

19. 11. 1989
Fährverkehr Hitzacker–Herrenhof aufgenommen

22. 11. 1989
Leipziger rufen: „Wir sind ein Volk“

22. 11. 1989
Niedersächsischer Innenminister Josef Stock bei Dömitzer Brücke und in Lüchow

23. 11. 1989
Günter Mittag wird aus der SED ausgeschlossen, Verfahren gegen Honecker

24. 11. 1989
Neue Forum Salzwedel gibt sich eine Satzung

25. 11. 1989
Elbfähre Neu Darchau–Darchau eröffnet

28. 11. 1989
Kanzler Kohl stellt dem Bundestag den Zehn-Punkte-Plan zur Überwindung der Teilung Deutschlands vor, der „konföderative Strukturen zwischen beiden Staaten“ bis zur Wiedervereinigung vorsieht

28. 11. 1989
Politiker der Kreise Salzwedel und Lüchow-Dannenberg vereinbaren Zusammenarbeit

1. 12. 1989
Volkskammer streicht Führungsanspruch der SED aus der Verfassung

2. 12. 1989
Der niedersächsische Ministerpräsident Ernst Albrecht eröffnet die Fährverbindung Pevestorf–Lenzen

3. 12. 1989
Egon Krenz verliert Amt als Parteichef, Ausschluß Honeckers aus der SED

7. 12. 1989
Beginn der Gespräche am „Runden Tisch“ (Dialogforum zwischen Opposition, Kirchen und alten Partei) in Ost-Berlin

7. 12. 1989
Eröffnung der Fährverbindung Kaltenhof–Dömitz

8.–9. 12. 1989
Sonderparteitag der SED wählt Gregor Gysi zum neuen Vorsitzenden

11. 12. 1989
Botschaftertreffen der vier Siegermächte des 2. Weltkrieges zum Thema Berlin

11. 12. 1989
Rat des Kreises Osterburg bei der Lüchow-Dannenberger Kreisverwaltung

14. 12. 1989
Neues Forum Salzwedel bittet alle Bürger zum herzlichen Empfang der Bundesbürger am 23. 12. 1989 und 1. 1. 1990 an die Grenzübergänge

15.–17. 12. 1989
SED nennt sich auf Sonderparteitag in SED/PDS (seit 4. 2. 1990 nur noch PDS) um

15. 12. 1989
Wendländische Kreispolitiker auf Gegenbesuch in Salzwedel

17. 12. 1989
Oppositionsgruppe „Demokratischer Aufbruch“ wird Partei

18. 12. 1989
Kreistag diskutiert Zehn-Punkte-Plan des Kanzlers, Plan eines gemeinnützigen Vereins zur Pflege nachbarschaftlicher Beziehungen, Demonstration des Neuen Forum in Dömitz für freie Wahlen

19. 12. 1989
Treffen von Bundeskanzler Kohl und Ministerpräsident Modrow in Dresden, Verhandlungen über deutsch-deutsche Vertragsgemeinschaft

22. 12. 1989
Öffnung des Brandenburger Tors; 2. Begegnung Kohl/Modrow

23. 12. 1989
Grenzübergang Lübbow–Hoyersburg eröffnet

24. 12. 1989
Bundesbürger können ohne Visum und Mindestumtausch in die DDR und nach Ost-Berlin reisen

Hinweis: Eine ausführlich dokumentierte Tageschronik des Jahres 1989 bietet das Buch: „Wir sind das Volk!“ Die DDR im Aufbruch. Eine Chronik in Dokumenten und Bildern. Redaktion Micha Wimmer u. a., München (Heyne-Verlag) 1990.

Mitten in Deutschland: Eine Auswahlbibliographie zum Thema „Grenze und Grenzregion Wendland–Altmark–Elbufer“

Die vorliegende Auswahl beschränkt sich auf aktuelle Titel, hinzugenommen wurden Artikel überregionaler Zeitungen und Zeitschriften. Der Wendland-Bezug wurde bei allgemeinen Werken in Klammern (Seitenzahl) angegeben.

1. Bibliographien

Otto Puffahrt, Schrifttumsverzeichnis für den Landkreis Lüchow-Dannenberg. Schriftenreihe des Heimatkundlichen Arbeitskreises Lüchow-Dannenberg Heft 5, Lüneburg 1985

ders., Neues Schrifttum vom Hannoverschen Wendland. In: Wendland. Magazin für Heimatkunde, Geschichte und Kultur des Hannoverschen Wendlandes. Nr. 6 (Jg. 3/1989), S. 23–26; Nr. 7 (Jg. 4/1990) S. 24–26; Nr. 8 (Jg. 5/1991), S. 22–25

Willi Schulz, Neueres Schrifttum über das Hannoversche Wendland. In: K. Poggendorf (Hg.), Das Hannoversche Wendland. Beiträge zur Beschreibung des Landkreises Lüchow-Dannenberg. 3. Auflage, Lüchow 1985, S. 259–271

Gesamtregister für 1.–10. Jahresheft des Heimatkundlichen Arbeitskreises Lüchow-Dannenberg 1969–1985. Schriftenreihe des Heimatkundlichen Arbeitskreises Lüchow-Dannenberg. Heft 6, Lüchow 1986

2. Darstellungen, Berichte, Zeitungsartikel

Ulla Ackermann, Stille Landschaft an der Elbe. Eine Region für Naturliebhaber an der DDR-Grenze. In: Frankfurter Rundschau-Magazin v. 18. 10. 1986

Gisela Albrecht, Das Tor ist auf! Vom Traum zur Wirklichkeit (Reportage zu Elbfähren und Amt Neuhaus). In: Gerhard Glogowski (Hg.), Niedersachsenbuch 90, Stade, S. 80–86

Werner Barm, Achtung, Sperrgebiet. Insider Report. Birken-Honigessen 1990 (Bericht über Altmark und Kreis Osterburg). Vgl. dazu auch den Bericht „Der (Sünden-)Fall des Dr. Werner Barm“ In: Volksstimme – Altmark-Magazin v. 29. 11. 1991

Barbara Bartos-Höppner, Elbsaga. Ein Fluß erzählt Geschichte. Hamburg 1985 (S. 182–207)

Volker Benke, Grenzen müssen nicht trennen. Über den Umgang mit Nachbarn (enthält das Kapitel: Ein trauriges Beispiel: Schnackenburg). In: Das Parlament. Nr. 21–22 v. 25. 5./1. 6. 1985 (35. Jg.), S. 1–2

Joachim Berger, Keine Brücke nach Dömitz. Kaltenhof –Elbbrücken–Brandleben. In: ders., Wendländisches Wanderbuch, Herford 1982, S. 90–93

Anna Chiarloni/ Helga Pankoke (Hg.), Grenzfallgedichte. Eine deutsche Anthologie. Berlin u. Weimar 1991

Deutscher Autorenverband (Hg.), Grenzland. Hannover 1991, S. 8 u. 31

Eberhard Doll, Die Geschichte des Grenzschutzkommandos Nord. Neustadt/Rbg. 1992. Siehe auch die Rezension in: Niedersachsen, Heft 2/1992, S. 100

Museum Wustrow (Hg.), Fremde, Flüchtlinge im Landkreis Lüchow-Dannenberg 19945–1950. Wustrow 1991, zahlreiche Aufsätze zur Grenze; s. a. die Rezension „Aber nichts scheint vergessen“ in: EJZ v. 27. 8. 1992

Heiko Gebhardt, Der andere Blick (Reportage über den Ex-DDR-Regisseur H. Schönemann, der im Wendland wohnt). In: Stern-TV-Magazin Nr. 52 v. 22. 12. 1988

gazin Nr. 52 v. 22. 12. 1988

Horst Gerber, Der Traum vom Flug in die Freiheit endete im Kerker (Bericht über einen Fluchtversuch mit einem Flugzeug bei Arendsee im Jahre 1988). In: Volksstimme – Altmark-Magazin v. 18. 7. 1991

Uwe Gerig Barrieren aus Beton und Eisen. In Berlin und quer durch Deutschland. Krefeld 1986 (S. 28, 54)

Gesamtdeutsches Institut (Hg.), Wo Deutschland geteilt ist. Beiderseits der innerdeutschen Grenze. Bonn o. J. (1985), (S. 24 ff)

Gabriele Goettle, Deutsch-Südwest in Schnackenburg. In: dies., Deutsche Sitten. Erkundungen in Ost und West. Frankfurt 1991, S. 220–225

Franz Josef Görtz, Tarnkappe, Zauberkugel, Kriegswerkzeug (u. a. über Salzwedel u. d. Wendland: S. 70–72). In: Frankfurter Allgemeine Magazin. Heft 561 v. 30. 11. 1990, S. 66–76

Grenzgedanken. Ein Lesebuch. Herausgegeben von den Autoren der Grebendorfer Gespräche. Köln 1991

Gustav Günther, Vor 25 Jahren: „Affäre Kugelbarke“ schlug hohe Wellen. Dramatischer Streit um Elbvermessung. In: Elbe-Jeetzel-Zeitung v. 18. 10. 1991

Andreas Hartmann/ Sabine Künsting (Hg.), Grenzgeschichten. Berichte aus dem deutschen Niemandsland. Frankfurt 1990 (S. 45 f, 87 f, 97 f, 205 f, 248 f, 258 f u. a.; Ortsregister). Vgl. die Rezension in HAZ v. 29. 11. 1990

Uwe Herms, Salzwedel: Eine Erinnerung (Bericht einer Fahrt nach Salzwedel im Mai 1990). In: Axel Kahrs, Dichter reisen. Literarische Streifzüge. Lüchow 1990, S. 122–126

Erich Hessing, Amt Neuhaus darf nicht vergessen werden. In: ders., Denkmäler, Menschen und Geschichte im Landkreis Lüneburg. Lüneburg 1981, S. 77–78

Roland Hunger, Handstreiche (Reportage einer Salzwedelfahrt im Juli 1990). In: ders., Im Volkspark. Schnaitseell 1990, S. 51–61

Internationale Gesellschaft für Menschenrechte Deutsche Sektion e. V. (Hg.), Menschenrechte in der DDR und Berlin (Ost). 3. Auflage, Frankfurt 1988, bes. Kapitel III: Die Grenzsperranlagen der DDR, S. 28 ff

Arnim Juhre, Land um eine Achse aus Draht (u. a. Rezension zu Schacht/Ritter, Morawietz). In: Deutsches Allgemeines Sonntagsblatt, Nr. 41 v. 13. 10. 1989

Irene Jung, Fährmann, fohr mi mol rüber! Landpartie am großen Strom. In: Hamburger Abendblatt v. 16./17. 6. 1990

Renate Just/ Herlinde Koelbl, Am schönsten, wo es am ärmsten ist: Deutschland. In: Zeit-Magazin Nr. 32 v. 1. 8. 1986 (S. 19–20)

Axel Kahrs, Die Grenzen in der Literatur. Die Darstellung der Teilung Deutschlands bei den Schriftstellern in Ost und West am Beispiel der Region Altmark–Wendland–Mecklenburg. In: ders., Dichter reisen. Literarische Streifzüge. Lüchow 1990, S. 11–32

ders., Weiter weg als Indien. Leben an der Grenze in Lüchow-Dannenberg. In: Deutsches Allgemeines Sonntagsblatt v. 29. 9. 1989

Karl Kowalewski, 1885–1985. 100 Jahre Landkreis Lüchow-Dannenberg. Lüchow 1985 (S. 46 ff)

ders., „Wahnsinn“. Ein Traum wurde Wirklichkeit. Neue Aussichten für die Heimatforschung (zum 9. 11. 1989). In: Wendland. Magazin für Heimatkunde, Geschichte und Kultur des Hannoverschen Wendlandes, der Altmark, Heft 7/ 1990 (4. Jg.), S. 3

Klaus Lehmann u. Schüler der Bernhard-Varenius-Schule, Eine Fähre über die Elbe. Hitzacker – Bitter in vier Streiflichtern (Typoskript eines prämierten Schülerwettbewerb-

Leo G. Linder/ Hans Peter Heinrichs, Die Elbe. Braunschweig 1991 (S. 166–168)

Arnim Mandel, Im Wendland. A. M. berichtet aus der nordöstlichen „Nase" Niedersachsens. In: Niedersachsen. Zeitschrift für Heimat und Kultur. Heft 2/1985 (85. Jg.), S. 56–57

Matthias Matussek, Geisterfahrt im Leseland (Über Salzwedel nach dem 9. 11. 89). In: Der Spiegel Nr. 8 v. 19. 2. 1990

Ulrike Meineke, Bürger gründen die „Altmark Zeitung" (Salzwedel). In: Das Parlament Nr. 41–42 v. 4./11. 9. 1991, S. 14

Marlies Menge, Kohlen für drei Winter. Aus meinem Notizbuch. (Erfahrungen im Wendland nach der Grenzöffnung) In: Die Zeit Nr. 15 v. 6. 4. 1990

dies., Mecklenburg. Reisebilder aus der DDR. Köln 1989 (S. 72 ff Dömitz)

dies., Aktion Ungeziefer. Die Zwangsumsiedlungen der Ex-DDR und ihre Opfer (Dömitz) In: Die Zeit Nr. 12 v. 15. 3. 1991

dies., Auto oder Moped (Reportage über zwei Jugendliche aus Polz/Mecklenburg und Streetz/Wendland). In: Die Zeit Nr. 47 v. 16. 11. 1990

dies., Der kranke Strom. Fahrten entlang der Elbe. In: M. Menge, „Ohne uns läuft nichts mehr". Die Revolution in der DDR. Stuttgart 1990, (S. 39, 50–52)

dies., Zurück nach Babelsberg. Blick auf ein vereintes Land. Köln 1992, u. a. S. 116 ff, 150 ff, 165 f, 208

Paul-Friedrich Miest/ Wilhelm Paasche, Hannoversches Wendland. Niedersächsische Landeszentrale für politische Bildung, Schriftenreihe Landschaften Niedersachsens und ihre Probleme. Folge 1, Hannover 1981 (S. 42 ff u. 55 ff)

Kurt Morawietz, (Hg.), Deutsche Teilung. Ein Lyrik-Lesebuch. Wiesbaden 1966

Niedersächsischer Minister für Bundesangelegenheiten (Hg.), Schnackenburg – ein Beispiel gelungener Wiederbelebung am Zonenrand. In: Grenzreport. Extra-Ausgabe 1981

Gernot Müller-Serten, In Salzwedel sind viele alte Rechnungen offen. In: HAZ v. 15. 2. 1990

nn, „Da geht es links und rechts nicht weiter. Spiegel-Report über den Landkreis Lüchow-Dannenberg an der Grenze zur DDR." In: Der Spiegel Nr. 29/1976, S. 78–82

nn, „Größte Annäherung" (Betr. die Elbe-Grenzfrage). In: Der Spiegel Nr. 20 v. 12. 5. 1986 (40. Jg.), S. 65 u. 68

nn, 1945–1988. Die Folgen des Zweiten Weltkrieges und der innerdeutschen Grenzziehung für die Eisenbahn im Landkreis Lüchow-Dannenberg. In: Eisenbahnzeit im Wendland. Beiträge zur Eisenbahngeschichte des Landkreises Lüchow-Dannenberg. Wustrow 1990, S. 63–70 (dort auch weitere kleine Beiträge zum Grenzbahnhof Lübbow u. a.)

Rolf Nobel, Mitten durch Deutschland. Reportage einer Grenzfahrt. Hamburg und Zürich 1986 (S. 67–116)

Rolf Oberst, Die Grenze bei Salzwedel. In: Gerhard Franke/Rolf Oberst, Salzwedel. Lüchow 1991, S. 49–53

Wilhelm Paasche, Die innerdeutsche Grenze. In: Klaus Poggendorf (Hg.), Das Hannoversche Wendland. Beiträge zur Beschreibung des Landkreises Lüchow-Dannenberg. 3., überarbeitete u. erweiterte Auflage, Lüchow 1985, S. 120–123, vgl. auch S. 124 ff (Alfred Braband, Das Verkehrswesen)

Georg Peinemann, Die Pilze standen im Osten. Aha-Erlebnisse an der innerdeutschen Grenze (Hitzacker). In: Die Zeit Nr. 25 v. 17. 6. 1988

einigung: Nach der Euphorie die Ernüchterung. In: Berliner Zeitung v. 2./3. 2. 1991

Klaus Poggendorf, Das Land am Rand – Lüchow-Dannenberg. In: Grenz-Report Nr. 3/1979, S. 5–9

Birgitt Pötsch, Mit dem Fahrrad zu Besuch im Hannoverschen Wendland. In: Neues Deutschland v. 14. 11. 1989, siehe auch EJZ v. 18. 11. 1989

Werner Preuß/ Irmtraud Prien, Göhrde und Wendland: Links und rechts der Elbe; Von Winsen bis Salzwedel. Hamburg 1990

Gert Ritter/Joseph Hajdu, Die deutsch-deutsche Grenze. Analyse ihrer räumlichen Auswirkungen und der raumwirksamen Staatstätigkeit in den Grenzgebieten. Geostudien 7, Köln 1982. Wendland S. 240–250

Wolfram Runkel/ Dirk Reinatz, „Das stille Ende" (Schnackenburg). In: Zeit-Magazin Nr. 17 v. 22. 4. 1983, S. 36–42

Peter Sandmeyer/ Dirk Eisermann, Spiel ohne Grenze. Vom Todesstreifen zum Grüngürtel. In: Stern Nr. 39 v. 20. 9. 1990, S. 33–40 (S. 34)

Charlotte von Saurma, Salzwedel. Ein Ausflug in die kleine graue Welt. In: Merian – Extra: DDR 1990 (43. Jg.), S. 10–11

Ulrich Schacht, (Hg.)/Jürgen Ritter, Nicht alle Grenzen bleiben. Gedichte zum geteilten Deutschland. Dortmund 1989 (S. 24, 34, 72, 74, 78, 92)

Jürgen Scharnweber, Die Dömitzer Elbbrücken. Zur Geschichte der Eisenbahnbrücke Dömitz – Die Dömitzer Brücke im Verlauf der Straße 191. Lüchow 1991

Dieter Schröder, Die Elbe-Grenze. Rechtsfragen und Dokumente. Baden-Baden 1986

Dietrich Steckhahn, Vier Jahre Grenzübergangsstellen bei Duderstadt und Bergen/Dumme. In: Neues Archiv für Niedersachsen, Heft 3, Band 26, Sept. 1977, S. 217–218

Axel Vornbäumen, Der tapfere Schneidermeister und seine Dorfrepublik. Am 8. November 1989 leistete sich die DDR-Gemeinde Rüterberg eine eigene Protestvariante. In: Frankfurter Rundschau v. 15. 6. 1990

Winfried Waldeck, Arendsee – Erholungsraum am früheren Sperrgebiet. In: Praxis Geographie. 4/ 1991, S. 35–37

Dieter Zimmerling/ Dieter Blase, Mecklenburg-Vorpommern. Braunschweig 1991 (S. 116–122 Elberaum)

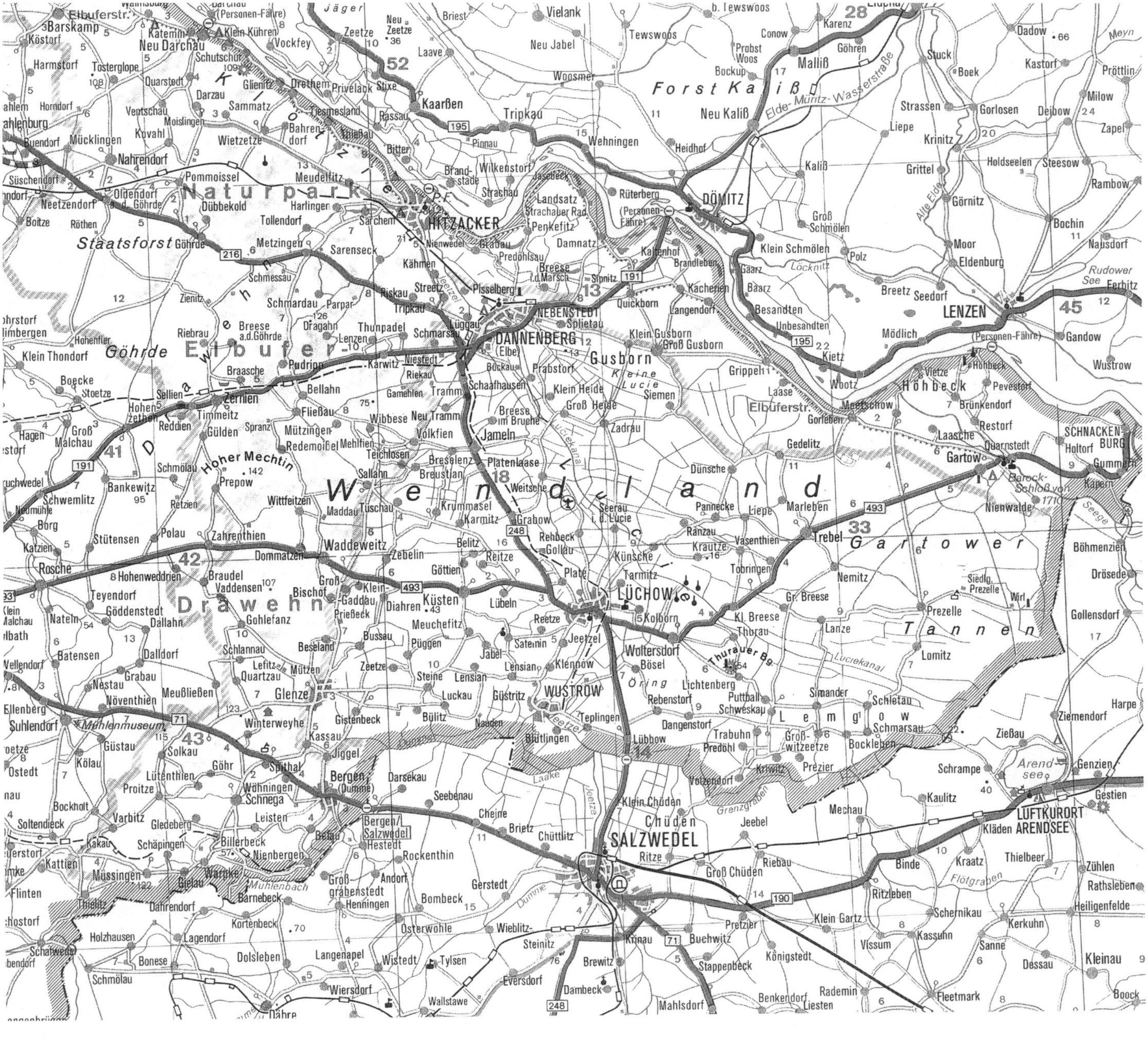

Elbuferstr.
Barskamp
Köstorf
Neu Darchau
Katemin
Klein Kühren
Vockfey
Harmstorf
Tosterglope
Quarstedt
Glienitz
Drethem
Privelack
Stixe
Darzau
Sammatz
Vietze
Kaarßen
Horndorf
Ventschau
Moislingen
Tiesmesland
Rassau
Mücklingen
Kovahl
Wietzetze
Bahrendorf
Hitzacker
Nahrendorf
Pommoissel
Meudelfitz
Brandstade
Bitter
Wilkenstorf
Naturpark
Oldendorf a.d. Göhrde
Dübbekold
Harlinger
Sarchem
HITZACKER
Neetzendorf
Boitze
Röthen
Tollendorf
Staatsforst Göhrde
Metzingen
Sarenseck
Kähmen
Nienwedel
Grabau
Schmessau
Streetz
Riskau
Pisselberg
Schmardau
Parpar
Dragahn
Tripkau
Lüggau
Thunpadel
Schmarsau
Riebrau
Breese a.d.Göhrde
Lenzen
DANNENBERG (Elbe)
NEBENSTEDT
Splietau
Klein Thondorf
Göhrde
Elbufer
Drawehn
Pudripp
Karwitz
Niestedt
Riekau
Braasche
Boecke
Stoetze
Sellien
Zernien
Bellahn
Gamehlen
Tramm
Schaafhausen
Hohenzethen
Timmeitz
Reddien
Fließau
Wibbese
Neu Tramm
Hagen
Groß Malchau
Gülden
Mützingen
Redemoißel
Volkfien
Jameln
Breese im Bruche
Hoher Mechtin
Schmölau
Prepow
Bankewitz
Schwemlitz
Teichlosen
Breselenz
Breustian
Platenlaase
Sallahn
Wendland
Wittfeitzen
Maddau
Tüschau
Krummasel
Karmitz
Weitsche
Grabow
Seerau i.d. Lucie
Borg
Katzien
Rosche
Stütensen
Polau
Zahrenthien
Waddeweitz
Dommatzen
Belitz
Reitze
Rehbeck
Gollau
Künsche
Tarmitz
Plate
Hohenweddrien
Braudel
Vaddensen
Bischof
Groß-Gaddau
Klein-Gaddau
Zebelin
Göttien
Diahren
Küsten
Lübeln
LÜCHOW
Kolborn
Teyendorf
Göddenstedt
Dallahn
Gohlefanz
Prießeck
Meuchefitz
Reetze
Nateln
Schlannau
Beseland
Bussau
Püggen
Jabel
Satemin
Jeetzel
Woltersdorf
Bösel
Batensen
Dalldorf
Lefitz
Quartzau
Mützen
Zeetze
Steine
Lensian
Klennow
Lichtenberg
Thurauer Bg.
Rebenstorf
Nestau
Grabau
Meußließen
Glenze
Luckau
Güstritz
WUSTROW
Teplingen
Puttball
Schweskau
Növenthien
Winterweyhe
Gistenbeck
Bülitz
Lübbow
Dangenstorf
Trabuhn
Predöhl
Suhlendorf
Mühlenmuseum
Güstau
Solkau
Kassau
Jiggel
Bütlingen
Groß-witzeetze
Kriwitz
Prezier
Kölau
Göhr
Spithal
Ostedt
Lütenthien
Proitze
Wöhningen
Schnega
Bergen (Dumme)
Darsekau
Seebenau
Volzendorf
Klein Chüden
Chüden
Bockholt
Varbitz
Gledeberg
Leisten
Soltendieck
Billerbeck
Schäpingen
Bergen/Salzwedel
Hestedt
Cheine
Brietz
Chüttlitz
SALZWEDEL
Ritze
Jeebel
Kakau
Nienbergen
Kattien
Müssingen
Wartke
Bierlau
Rockenthin
Andorf
Groß-grabenstedt
Gerstedt
Bombeck
Henningen
Groß Chüden
Riebau
Flinten
Thielitz
Dahrendorf
Barnebeck
Kortenbeck
Osterwohle
Wieblitz-Steinitz
Pretzier
Klein Gartz
Holzhausen
Lagendorf
Dolsleben
Langenapel
Wistedt
Tylsen
Brewitz
Krinau
Buchwitz
Stappenbeck
Königstedt
Bonese
Schmölau
Wiersdorf
Eversdorf
Dambeck
Wallstawe
Dähre
Mahlsdorf
Benkendorf
Liesten
Rademin
Jäger
Neu Zeetze
Zeetze
Briest
Vielank
Laave
Neu Jabel
Woosmer
Tripkau
Wehningen
Heidhof
Tewswoos
Conow
Karenz
Göhren
Probst Woos
Bockup
Malliß
Forst Kaliß
Elde-Müritz-Wasserstraße
Neu Kaliß
Kaliß
Rüterberg
(Personen-Fähre)
DÖMITZ
Landsatz
Strachauer Rad
Strachau
Penkefitz
Damnatz
Predöhlsau
Breese i.d.Marsch
Kaltenhof
Brandleben
Sipnitz
Quickborn
Kacherien
Langendorf
Klein Gusborn
Groß Gusborn
Gusborn
Klein Heide
Groß Heide
Prabstorf
Bückau
Kleine Lucie
Siemen
Zadrau
Lucie-Kanal
Dünsche
Pannecke
Liepe
Marleben
Ranzau
Krautze
Vasenthien
Trebel
Tobringen
Nemitz
Gr. Breese
Kl. Breese
Thurau
Lanze
Gartower Tannen
Prezelle
Siedlg. Prezelle
Wirl
Lomitz
Lucie-kanal
Simander
Schletau
Lemgow
Schmarsau
Bockleben
Zießau
Schrampe
Arendsee
Kaulitz
Mechau
Genzien
Gestien
LUFTKURORT ARENDSEE
Kläden
Thielbeer
Binde
Kraatz
Zühlen
Rathsleben
Heiligenfelde
Flötgraben
Ritzleben
Schernikau
Kerkuhn
Kassuhn
Vissum
Sanne
Dessau
Kleinau
Fleetmark
Boock
Grenzgraben
Dumme
Jeetze
Laake
Stuck
Boek
Kastorf
Dadow
Meyn
Pröttlin
Milow
Strassen
Gorlosen
Deibow
Zapel
Liepe
Krinitz
Holdseelen
Steesow
Rambow
Grittel
Görnitz
Alte Elde
Groß Schmölen
Klein Schmölen
Bochin
Nausdorf
Polz
Moor
Eldenburg
Löcknitz
Gaarz
Baarz
Breetz
Seedorf
Rudower See
Ferbitz
LENZEN
Besandten
Unbesandten
Mödlich
(Personen-Fähre)
Gandow
Kietz
Wootz
Grippel
Laase
Elbuferstr.
Gorleben
Meetschow
Vietze
Höhbeck
Pevestorf
Brünkendorf
Restorf
Wustrow
Laasche
Quarnstedt
Gartow
SCHNACKENBURG
Holtorf
Gummern
Kapern
Barock-Schloß von 1710
Gedelitz
Nienwalde
Seege
Böhmenzien
Drösede
Gollensdorf
Ziemendorf
Harpe

Die Herausgeber:

CHRISTIANE BEYER, geboren 1959 in Celle, Studium der Wirtschafts- und Sozialwissenschaften an den Universitäten Lüneburg und Loughborough (Großbritannien), Redakteurin bei der Elbe-Jeetzel-Zeitung. Zusammen mit Axel Kahrs Mitarbeit beim Ausstellungs- und Buchprojekt „Spuren des 1. Weltkrieges im Landkreis", 1992 Förderpreis des Heimatkundlichen Arbeitskreises Lüchow-Dannenberg (HALD) für ihre Diplomarbeit „Entwicklungsstrategien für Lüchow-Dannenberg" (1990), lebt in Lüchow.

AXEL KAHRS, geboren 1950 in Wustrow (Wendland), Studium der Germanistik und Geschichte an der Universität Göttingen, Studienrat am Gymnasium Lüchow, Lehrbeauftragter der Universität Lüneburg im Fachbereich Angewandte Kulturwissenschaften. Mehrere Beiträge zur Literatur- und Regionalgeschichte, u. a. „Die Gruppe 47" (1980), „Wahlen und Machtergreifung in Lüchow-Dannenberg" (1983), „Wendland literarisch" (1985), „Die Intellektuellen im Grünen" (1988), „Dichter reisen" (1990), Redakteur beim „Wendland Lexikon", lebt in Lüchow.

Die Autoren und Fotografen:

Die Artikel und Fotos stammen von folgenden Redakteuren und Mitarbeitern der EJZ-Redaktion: **ADOLF BLÜTLING** (-ab-), **GUSTAV GÜNTHER** (-gg-), **JENS FEUERRIEGEL** (-gel-), **HAGEN JUNG** (-jg-), **KARL-FRIEDRICH KASSEL** (-fk-), **HANS-HERMANN MÜLLER** (-ür-), **AXEL SCHMIDT** (-as-), **KURT SCHMIDT** (-tt-), **REINHARD STREMMLER** (-rst-), **HANS-JOACHIM WICHT** (-wi-).